U0142993

當代職業教育與訓練

施信華　陳啓東
陳慶安　郭義汶　著

五南圖書出版公司 印行

序

　　當代臺灣經濟發展歷程中，職業教育所培育的豐沛技術人力資源，在二十世紀下半葉的快速工業化與經濟成長下造就了臺灣經濟奇蹟（Taiwan Economic Miracle），對於提供國家基礎建設人力及促進經濟發展實厥功甚偉。而伴隨著社會演進及數位科技驅動創新社會，職業教育在此脈動中亦持續調整人才培育方向，透過具專業實務經驗師資導入，加強實務教學與學生實作學習，期使學生能依個人興趣、性向及才能，進而達到適性學習與發展，符應畢業後快速與產業接軌，成為各類應用型專業人才。

　　臺灣教育制度的分流設計係在國中學生於義務教育階段結束後，升讀高級中等學校時，必須第一次面臨不同類型高級中等學校的生涯選擇；值此之際，中等學校教師是否具備生涯輔導的專業知能，能否輔導學生適性選擇學制與科系，至為重要。臺灣在2015年1月14日公布《技術及職業教育法》，於第24條第一項即明訂：「高級中等以下學校師資職前教育課程應將職業教育與訓練、生涯規劃相關科目列為必修學分。」據此，臺灣所有師培（資）生在師資培育階段均必須修習「職業教育與訓練」、「生涯規劃」等相關科目，相信對於未來教師的教職生涯進路及對學生的職業認識與輔導將會有極大助益。

　　賽先生與德先生（科學Science與技學Technology），實為相輔相成；以技術（Technology）為本體的「技學教育」，乃是將技術的知識體系組織成教材，透過技學教育整體概念的學習，以培養學生的技術素養與技術專門知能的教育理念。隨著《技術及職業教育法》的施行，臺灣各大學師資培育中心的職前教育課程都要開設「職業教育與訓練」相關科目，此舉能導正師培（資）生對於社會既存「萬般皆下品、唯有讀書高」的傳統觀念與思維，更能進一步了解技術及職業教育的精神及其實務面。本書撰文取向從職業教育與訓練的哲理、精神及沿革起頭，不用難澀的理論闡述，輔以介紹技術及職業教育整體觀，期望能提供有志從事教育的師培（資）生，能對技術及職業教育更加明瞭，開創更寬廣的教育視野。

　　本書目的之一係為提供大學師資培育中心開設「職業教育與訓練」課程使用之外，亦可提供大學相關教育系所之教材與研究之用；目的之二係為介紹臺灣當代「技術及職業教育」與「職業訓練」競合與發展；目的之三係為介紹技職教育課程、人力資源與職業訓練之實務。各章節如下：第一章當代技術及職業教育，包括技術及職業教育哲學、技術及職業教育政策，以及技術及職業教育法令等節；第二章臺灣技術及職業訓練，包括勞動部職業訓練政策、勞動部職能標準發展、職業證照檢定，以及全國與國際技能競賽等節；第三章臺灣產業人力資源發展，包括產業人力需求分析、產業人力資源發展，以及國際人力資源發展等節；第四章臺灣技術型高中制度與發展，包括技術型高中群科發展、建教合作教育之發展，以及技藝教育與實用技能學程等節；第五章臺灣技術及職業教育課程、發展與變革，包括職業教育課程與創新、職業教育的行政與發展，以及技專校院之轉型與變革等節。

　　本書作者係由國內技職教育學者、技職教育行政人員及技職教育現場教師所組成，期能符合臺灣當代技術及職業教育、技術及職業訓練之專業性與實務性之論述，各章分配如下：郭義汶博士撰寫第一章當代技術及職業教育；施信華博士撰寫第三章臺灣產業人力資源發展；陳慶安博士撰寫第四章臺灣技術型高中制度與發展；陳啓東博士撰寫第五章臺灣技術及職業教育課程、發展與變革；其中第二章分別由前開作者合撰臺灣技術及職業訓練。

　　本書作者皆自國立彰化師範大學工業教育與技術學系獲得博士學位，母系自1971年創立迄今已逾五十一載，為臺灣技職教育培養優秀人才與師資，本書特別感謝作者們的指導教授修平科技大學退休校長鍾瑞國教授及國立彰化師範大學工業教育與技術學系退休教授鄭友超博士，兩位教授皆出身技職教育，亦貢獻技職教育近五十載，學生遍滿國內教育界及產業界，作者們銘感師恩栽培，傳承臺灣技術與職業教育的精神與態度，謹書此誌。最後感謝五南圖書出版股份有限公司第六編輯室副總編輯黃文瓊女士的邀稿及編輯李敏華小姐與團隊不辭辛勞排版校對，特此鳴謝。本書如有缺漏或誤植之處，祈請各界海涵不吝賜教。

施信華、陳啓東、陳慶安、郭義汶 謹識
2022年初夏

目　錄

第一章　當代技術及職業教育

第一節　技術及職業教育哲學

　　談到技術及職業教育（以下簡稱技職教育）哲學，應先了解哲學、教育與教育哲學的涵義，再來就是探討哲學與教育的關係，接著探討教育哲學與技職教育的關聯，最後就是提出當代技職教育哲學。

壹、哲學的涵義

　　「哲學」一辭源自西方，但自古以來的哲學家並無一致的定義。從哲學名詞的來源說，意為探討生命或生活的智慧，據此而言，可說「哲學」是應用思考和方法而形成的一門知識（國家教育研究院，2000a）。歐陽教（1999）認為「哲學」係以合情理的方法窮究萬象的根本原理。綜上，「哲學」是應用思考和合情理的方法研究萬物現象的原理。

貳、教育的涵義

　　國家教育研究院（2000b）出版《教育概論》將教育的涵義分為：

一、廣義的教育

（一）定義：係指自然環境和社會環境對個人所施的各種影響而言。
（二）內容：包括家庭教育、學校教育及社會教育等。
（三）要點：
　　1. 是生活教育：長輩言行、風俗習慣，與日常生活息息相關，耳濡目染、潛移默化皆是教育活動。
　　2. 是無形教育：是無組織、無計畫、無一定的形式，但影響個人既大且深。

二、狹義的教育

（一）定義：係指有意設施的教育，為有目的、有計畫、上下銜接的學校
　　　教育而言。

（二）內容：主要指學校教育的德、智、體、群、美等五育均衡發展而言。

（三）要點：

1. 固定的地點。
2. 固定的教材及進度。
3. 明確的教學時間。
4. 專業的教師（教師證書）。
5. 美化的校園。
6. 完善的行政組織。
7. 具教育目標的學習內容。

參、教育哲學的涵義

教育哲學是應用哲學思考，對教育的語言和基本概念加以澄清，或對教育的現象、問題或預設作通全而深入的探索、反省、描述及檢證；最後形成教育理論，如教育的基本原理、教育的本質、教育的規範和理想等。

所以歐陽教（1999）就認為哲學、教育與教育哲學的涵義，都非常複雜，不易釐清。又認為學習教育哲學不只在學習相關的哲學或教育理念內容，也在做明智的價值批判與選擇。

肆、哲學與教育的關係

歐陽教（1999）在哲學與教育的關係探討，分為形式關係、內涵（實質）關係，進行探討，內容摘述如下：

一、形式關係

（一）全體或部分的關係：從古往今來各國哲學與教育的關係來分析，形式上可能較屬部分非全體的關係。

（二）實然或應然的關係：哲學與教育關係，如果是純實然的，則有什麼哲學思潮，就有什麼教育行為。

（三）主從宰制的關係：傳統的說法，常認定哲學與教育實踐之間具有主從的關係。即哲學是主，教育是從。

（四）互動校正的關係：就理論與實踐來說，好的教育哲學，應該建立在哲學與教育的有機互動、互補校正，而非相互宰制相剋。

二、內涵（實質）關係

（一）哲學主題導向，最基本內涵大概包含如下：

1. 形上學（metaphysics）：人是形上形下的動物。

2. 心靈論（theory of mind）：人是靈性的動物，因為人有心或心靈。

3. 知識論（epistemology）：又稱認識論，探討人之認知過程與結果，亦即認知與知識。

4. 價值論（axiology）：是探討價值的涵義、性質、關係、類型與應用的一個學術領域。通常包含道德哲學、美學、宗教哲學等領域的價值研究。

5. 哲學派別論（philosophical school）：主要學派之哲學理念（形上學、心靈論、知識論及價值論），並演繹衍釋其教育義蘊（常見如儒家、道家、墨家、佛家、禪宗、經驗主義、理性主義、批判主義、實在主義、現象學、存在主義、實用主義、後現代主義、社會批判理論、馬克思主義、多瑪斯主義、人文主義、自由主義等。

（二）教育主題導向，最基本的內涵大致有：

1. 教育本質論：教育的本義是漸進的求好，而非烏托邦式的進步，因為教育無此能耐，而且人、哲學，與一切文化內涵也都不完美。

2. 教育目的論：人為什麼要受教育？其目的性要如何評析選擇？這確實與價值論有關係。所以合情理的多元價值與多元教育目的最符合

民主哲學的教育理念。

3. 教育內容論：人要教育，那要教或學些什麼？只要符合教育求好或哲學愛智講理的規準，任何有益人格涵養、社群生活、萬邦和諧、萬物並育及天人合德的理念或實踐活動，皆可作爲教育內容。

4. 教育方法論：人要受教育，除了好的教育內容，還要合適的教育方法。

5. 教育機構論：時代在變，教育生態在變。學校教育功能有日漸被家庭教育及社會教育、平衡削弱或甚至於取代的趨向。

6. 師生關係論：在強調終身教育的學習社會中，人人、處處、時時皆可學，人人同時是老師也是學生，其不同角色扮演，端視其不同場合與不同專長而可隨時轉換調整。

7. 教育思想派別論：以人物或學派來論列其教育思想，當然應對其可能的教育內涵作哲學性的實質批判。所以常見的教育思想派別有儒家教育、自然主義教育、文化教育學、實驗主義教育、進步主義教育、存在主義教育、多元文化教育、民主教育、詮釋學教育，與女性主義教育等學派。

（三）哲學與教育主題之綜合導向：

　　除了上述哲學與教育兩種主題導向的教育哲學外，還有整合哲學與教育兩種內涵主題爲導向的教育哲學。其方式爲先談哲學性的各主題內涵，然後再述教育性的各主題內涵，這樣似乎較適合由哲學到教育的演繹關係或結構。而Ozmon（1972）也在教育典範中，對教育哲學的根源哲學建議如表1-1的轉變形式。

✿表1-1　教育哲學的根源哲學

哲學起源	教育哲學
理想主義（Idealism） 現實主義（Realism） 實用主義（Pragmatism） 存在主義（Existentialism） 行為主義（Behaviorism）	永恆主義（Perennialism） 精華主義（Essentialism） 進步主義（Progressivism） 重建主義（Reconstructionism） 存在主義（Existentialism） 行為工程（Behavior Engineering）

資料來源：李聲吼譯（2000）

伍、教育哲學與技職教育的關聯

　　從上述哲學與教育的關係之探討，得知哲學與教育之關係緊密。再從 Lerwick（1979）提出六種教育哲學（包括永恆主義、精華主義、進步主義、重建主義、存在主義及行為主義）的觀點，對技職教育學者的思想造成影響，說明如下：

（一）永恆主義（Perennialism）教育哲學，技職教育可以傳授一些「追求卓越」的原則，並將他們應用於日常的工作上。

（二）精華主義（Essentialism）教育哲學，技職教育必須兼顧國家、社會與個人之實際需求來整合的工作。

（三）進步主義（Progressivism）教育哲學，技職教育可以提供各種必須的經驗以幫助學生熟悉在經濟方面自給自足的問題。

（四）重建主義（Reconstructionism）教育哲學，技職教育能夠運用適當的途徑以改善工作的本質，改良就業的情況。

（五）存在主義（Existentialism）教育哲學，技職教育可以鼓舞學生去了解工作對個人的意義與目的。

（六）行為主義（Behaviorism）教育哲學，技職教育的專家學者可以運用行為科學與心理學的理論幫助生產事業的員工設計合宜的行為目標。

陸、當代技職教育哲學

　　從上述之哲學、教育、教育哲學的涵義、哲學與教育的關係、教育哲學與技職教育的關聯之探討，以及參酌Lerwick（1979）的多元哲學立場的論點。當代技職教育哲學觀點，應會受到下列因素之影響，使技職教育學者及技職教育政策規劃者，論述出特定的技職教育哲學觀，而調整了技職教育制度：

（一）社會的變遷，受到政治的民主化、人民價值觀改變、國家經濟的發展、產業結構改變等因素，造成社會變遷。

（二）多元文化，現今社會是由不同信念、行為、膚色、語言的文化組
　　　成，彼此關係是相互支持且均等存在的多元文化，造成大家要學會
　　　互相包容關懷。

（三）地球村的時代，地球村時代的來臨，使得產業、經濟、人力資源、
　　　教育等，都成國際化。

（四）科技化的時代，科技的進展讓人類的依賴感不斷增加，同時讓許多
　　　工作也開始數位化。但科技像把雙刃劍，給我們的工作和生活帶來
　　　極大方便，同時讓很多人染上了非常重的科技病，很多人沉迷於其
　　　中無法自拔的趨勢。

（五）AI的時代，AI人工智慧會改變我們的世界，並且擴增人類智能，雖
　　　然離「強人工智慧」（artificial general intelligence, AGI）還有段距
　　　離，即電腦與人類智能並駕齊驅，甚至超越人類。

第二節　技術及職業教育政策

　　臺灣技術及職業教育（以下簡稱技職教育）對於國家建設長期以來扮
演重要角色，不僅培育無數的專業及技術人才、為國家經濟建設奠定厚實
的基礎，更是帶動產業邁向國際發展之助力。臺灣屢創舉世聞名的「經濟
奇蹟」，技職教育功不可沒（吳清基，2011）。

　　因此技職教育的發展與產業走向及人力需求有著密切的關係，民國
50至60年代，臺灣工業發展迅速，高職及專科大量培育基礎及中級技術人
力，因應人才需求；民國70年代之後，臺灣產業結構轉向技術密集、資本
密集與高附加價值的型態，服務產業的比重亦迅速增加。最近十年，產業
型態變化更快，整體產業趨向高科技、資訊化、自動化發展；而服務業產
值及從業人員比例亦超越製造業（吳清基，2011）。所以行行出狀元，社
會的分工也因此顯得多元而完整。如果一味追求學術、研究，而使技職教
育變形，這不會是國家的福氣。技職教育的目的就是技術人才的養成，這
並不是說「技職學術」不重要，而是說我們不能忘記技職教育的根本。雖
然當今技職教育面臨許多挑戰，但並非無法改善。我們還來得及，畢竟辦

法是人想出來的，只要我們好好釐清技職教育的本質為何、技職學生的真
實需求為何、如何與就業市場與國營事業人才需求結合等等，方能找回技
職教育的家、落實真正人才的分流養成，找回健全發展的道路（王聖元，
2015）。下面綜整各學者們對我國技職教育的看法，供大家了解我國技職
教育政策發展脈絡、當今面臨的問題、解決策略提出建議。

壹、技職教育政策發展脈絡

　　技職教育政策發展脈絡，本書將整理技職教育政策演化過程、當今技
職教育政策二個面向做介紹。

一、技職教育政策演化過程

　　陳恆鈞、許曼慧（2015）綜整教育部之技職教育政策及各學者之看
法，將光復後的技職教育政策演化，依據建構―解構―重構的過程，劃分
為：建構期、成長期、興盛期、解構期及重構期等五個階段（如圖1-1），
並說明各階段呈現之特質，內容摘述如下：

（一）**建構期**（1945-1967）

　　該期乃是我國逐漸有系統地建置與規劃教育學制，後期中等教育就
學人口，呈緩慢穩定成長的趨勢。即臺灣職業學校的基礎奠立於日據時
代，但當時殖民職業教育制度，並非根據社會需求，而是用人為方式塑造
而成。此種由國家政府主掌教育的政策思維，長期影響著往後教育結構的
發展。

（二）**成長期**（1968-1986）

　　此時期技職教育進入成長期，其特質是配合九年國民義務教育的實
施，政府將整體教育學制進行延伸，高職生從占總就學人口3.21%，攀
升至1986年的8.68%，增加5.4%，專科生從占總就學人口2.20%成長至
4.85%，顯見此時期技職教育體系的高職及專科生總就學人口比率大幅攀
升成長，反觀高中生總就學人口由4.23%降至3.98%。

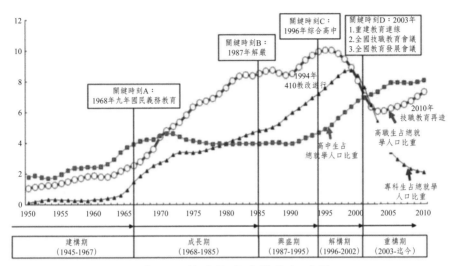

☘圖1-1　技職教育政策演化過程

資料來源：陳恆鈞、許曼慧（2015）

（三）興盛期（1987-1995）

　　整體而言，技職教育體系仍延續上期政府經建發展計畫推展。從文獻資料以及實證統計數據得知，此時「高職及專科」學生占總就學人口比率合計17.57%，已達歷年最高比率，技職教育穩定成長到興盛點。解除戒嚴後，經建部門逐步退出教育政策擬定，反而是民間改革聲浪與社會菁英逐漸主導整體教育發展與轉變，主要政策參與者開始加入民間改革聲音，政策推行逐漸由「由上而下」轉為「由下而上」的模式，遂引起相當多爭論，形成解構期的時空背景（四一○教育改造聯盟，1996；林信榕，2001）。尤其是扼阻學生適性自由選擇機會，造成升學競爭不斷惡化的專權教育管制政策，引起學者專家不同的聲音（王震武、林文瑛，1996），民間乃興起「教育改革、鬆綁」的聲浪。雖有部分參與者以教育理念為主導，提出全面延後分流的建議，不過仍以紓解升學壓力為主。

（四）解構期（1996-2002）

　　教育部推動綜合高中變革主要目的雖為延遲學生分化年齡，讓學生能適性發展，亦為我國教育當局將高中職比例由3：7調整為5：5的重要策略

之一。但對主要參與者（高中職學校），延遲分化卻可能只是次要目的，主要目的是配合政策、增加學生升學率或改變形象（林信榕，2001）。技職教育經此改變後，問題逐漸浮現，尤其是技職教育面臨與普通教育合流發展所衍生出的疑慮，學者即指出，不能在偏重知識與理論教育大環境下，一味提倡延後分流，否則將使學生集體湧入普通教育體系，產生嚴重經濟與社會失調問題（黃俊傑、吳展良、陳昭瑛，1996），即轉入「技職教育重構期」。

（五）重構期（2003-2014）

將2003年視為關鍵轉折點，以此界定為技職教育的「重構期」，在2003年所舉行的第十八屆全國技職教育研討會中，教育部提出技職教育策略包括：系科本位課程、理論與實務並重師資、終身學習推動、成立平臺媒合學術界及產業界、研發成果轉移、學校到職場的銜接等（朱玉仿，2007）。2009年教育部再提出技職教育再造方案，主要策略包括：強化教師實務教學能力、引進產業資源偕同教學、落實學生校外實習課程、改善高職設備提升品質、擴展產學緊密結合培育模式、強化實務能力選才機制及落實專業證照制度，希望藉此配套方案，重新強化技職教育務實致用發展的特色，並落實培育技術人力角色。2010年8月，教育部召開第八次全國教育會議，技職教育同時進行改造，引起社會大眾的不同看法。2014年，正式推動十二年國民基本教育，對技職教育的未來發展，將有更遠的影響。

二、當今技職教育政策

依《技術及職業教育法》第4條第一項規定，技術及職業教育政策綱領（以下簡稱本綱領），行政院首度於106年3月2日訂定公告，並於108年2月21日第一次修正。各級政府在本綱領指引下，積極推動各項政策，協助彰顯技術及職業教育（以下簡稱技職教育）價值，強化校園與職場連結，促進教學之創新活化，並透過技職深耕計畫、優化技職校院實作環境計畫、產業人才合作培育機制，以及開放式大學辦理多元專業職能培力模式，逐步建構優質技職教育朝本綱領所揭示之願景及目標邁進。故本綱領

即當今技職教育政策，其願景、目標、推動方向，摘述如下：

（一）願景

　　本綱領以「培養具備實作力、創新力及就業力之專業技術人才」為願景，期使未來技職教育所培育之學生，能成為國家未來經濟發展、社會融合及技術傳承與產業創新之重要推力。

（二）目標

　　本綱領規劃三大目標，以及明確核心概念圖，如圖1-2所示：

1. 目標一：建立彈性技職教育體系符應產業變遷，彰顯技職教育價值。

2. 目標二：強化課程體系與實作能力養成，激發師生創新思考與創業精神，促進技術傳承與產業創新。

3. 目標三：產官學訓協力培育技職人才，提升社會對專業技術價值的重視，翻轉技職教育地位。

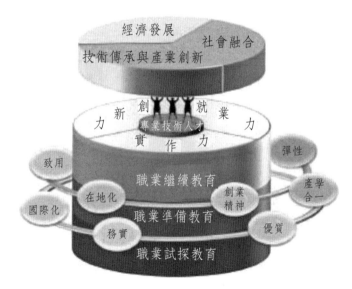

✿圖1-2　技職教育綱領核心概念圖

資料來源：行政院（2017）

（三）**推動方向**

1. 建立技職教育彈性學制及入學管道並以職業繼續教育吸引社會大眾選擇就讀。
2. 落實有效職涯認識及職業試探，培養專業技術價值觀。
3. 建立實作及問題導向之學習型態，培養務實、美感、跨領域能力、創新創業精神及國際移動力。
4. 激勵教師提升符應產業發展之教學能力及調整育才思維投入實務教學創新試驗，從事實務應用研究，以利技術傳承及創新。
5. 依產業人才職能基準，檢討現行並開發具效用之職業證照，落實職場能力分類分級養成制度。
6. 加強實務連結及產學合作，增進社會各組織協力培育人才之社會責任。

貳、當今技職教育政策面臨之問題

黃健夫（2008）針對高等技職教育體系之現況，根據現階段各項統計資料，探討當前我國技職教育體系之困境，發現目前我國高等技職教育發展之根本問題為：

（一）校數擴增幅度超越人口成長數，技職教育市場競爭日益激烈。
（二）私立校院對學雜費及政府補助之依賴度高，學校開源能力不足。
（三）政府經費補助不斷減少，造成私立校院之經營日益艱難。
（四）私立普通大學及技職校院資源配置不平衡，不利技職教育之發展。
（五）部分技職校院學校規模過小，不符合經濟效益。

李建興（2013）認為近二、三十年已逐步建立高職—五專—技術學院—科技大學與普通教育平衡發展的技職教育體系，但眼前我國技職教育有下列缺失必須加速改進：

（一）高職原應以培育基層技術人力為導向，目前大都以升學技術學院、科大為目標。
（二）技專校院定位模糊，教學資源不足，教師實務工作經驗缺乏，以及

教學品質有待提升。

（三）國內外產業經濟變化快速，產業快速轉型，技術人才需求遞增，技
　　　專校院產學落差，無法學以致用。

　　陳恆鈞、許曼慧（2015）認為1987年政治解嚴之後，我國整體教育
政策，在分流教育、高職轉型、高等教育擴張及技職教育普通化等議題下
產生變遷。在此氛圍下，技職教育不免受到衝擊。進言之，為滿足升學導
向，技職升學管道逐年通暢，傳統技職教育功能角色產生變化。可是，在
提高技職升學率的同時，技職教育與普通教育的混合效應也逐漸發酵，兩
者之間的定位及區隔逐漸模糊，換言之，技職教育缺乏明確定位與發展
方向。

　　陳繁興（2019）在當前技職教育的問題分析中，以「黃昆輝（2018）
就學者、專家咸認為技職教育面對『供需失調』與『學用落差』兩大問
題，主因為缺少『人力規劃』與『產學合作』所致，這些問題又跟『教育
政策』與『經濟發展』長期脫節有密切關係。」見證當前技職教育的問
題。並認為近三十年來，高等技職教育急速擴充，主管機關推出許多變
革，專家學者提出了許多冠冕堂皇的論述，培養出來的學生反而不獲得業
界認同，深入究其原因，可歸納出當前臺灣技職教育問題的主因，茲分述
如下：

（一）教學品質難以確保。

（二）規劃設科與調整系科時，教育主管單位未能把關。

（三）課綱修訂導致基本功的流失。

（四）技職學校辦學績效的迷思。

（五）技專校院定位問題。

（六）未能與職訓單位合作與分工。

　　另楊瑞明、鄭博元（2019）認為我國中等技職教育的境況，有著以下
幾個關鍵重要的課題，需要面對與因應：

（一）少子化的社會變遷，中等技職學校的生源人口嚴重減少。

（二）文憑主義的價值傳統，中等技職教育成為第二選擇。

（三）高等教育供給過剩，不利中等技職教育的發展。

（四）產學合作與產業育才機制有待深化。

（五）產業人力供需失衡，就業力與就業率大幅下滑。

　　綜整上述學者對當今技職教育政策之問題分析，本書歸納當今技職教育政策面臨之問題，從國中技藝、技術型高中、技專校院及技職校院共同教育等面向之問題，說明如下：

（一）國中技藝教育問題

1. 國中技藝教育學生適性輔導機制未落實。
2. 國中技藝教育課程的規劃方式。
3. 國中技藝競賽的辦理方式及目的。

（二）技術型高中教育問題

1. 技術型高中（高職）原應以培育基層技術人力為導向，目前大都以升學技術學院、科大為目標。
2. 課綱修訂導致基本功的流失，教學品質難以確保，產生「學用落差」。

（三）技專校院教育問題

1. 技專校院定位模糊，教學資源不足，教師實務工作經驗缺乏，偏向學術化、普通化。
2. 技專校院原應以培育產業生產技術人力為導向，現偏向學術化、普通化，而以培育研發人力為導向。

（四）技職校院共同教育問題

1. 少子化生源人口嚴重減少，技職校院校數過多，高等教育供給過剩，技職教育市場競爭日益激烈。
2. 私立技職校院對學雜費及政府補助之依賴度高，政府經費補助不斷減少。
3. 產業快速轉型，技術人才需求遞增，技職校院產學落差，無法學以致用。
4. 技職校院缺乏明確定位與發展方向，以及無法明定辦學績效。
5. 規劃設科與調整系科時，教育主管單位未有完善的管控機制，導致「供需失調」。

6. 未能與職訓單位合作與分工。

參、當今技職教育政策問題之改革策略

黃健夫（2008）針對高等技職教育體系之現況問題，提出之政策改革建議為：

（一）高等技職教育政策應回歸大學自主之精神。

（二）提高技職體系主體的私立技職校院之政策重視度。

（三）平衡對私立普通大學及私立技職校院之補助。

（四）教育部應積極主導並推動大學校院之整併。

李建興（2013）認為當前我國技職教育為加強產業結合，根據教育部第二期技職教育再造方案，提出九個策略方案，並認為有幾個策略因應技職教育與產業接軌特別重要：

（一）藉十二年國教之推動，提升技職教育地位，鼓勵青年就業—升學—就業之途徑。

（二）各級各類技職校院重視理論—技術結合，多提供學生到產業界實習之機會。

（三）延攬企業界專家來校指導，建立「雙師制度」，並強化教師實務教學能力。

（四）擴展產業緊密結合的教學模式，提供專業技術及研發人力。

（五）技專校院應落實專業證照制度，促進證能合一，增進就業與創業能力。

（六）政府應給予充足的經費，支持技職教育健全發展。

陳恆鈞、許曼慧（2015）在「臺灣技職教育政策變遷因素之探討：漸進轉型觀點」之文末，結合文獻、專家學者訪談及實證結果後，對技職教育制度提出建議如下：

（一）「十二年國教」導引轉型契機。

（二）建置彈性技職教育體制。

（三）強調技職教育特色。

（四）縮小公私立技職學校學雜費差距。

徐昊杲、林逸棟（2015）在破除高等技職教育普通化、學術化之迷思的解決之道爲：

（一）技術及職業教育法落實學校與產業連結。

（二）實務課程發展及師生實務增能。

（三）鼓勵教師以技術報告升等。

（四）擴大推動區域產學合作中心整合功能。

（五）推動產業學院。

張仁家、徐玉芳（2015）認爲技職教育避免學術化的解決策略爲：

（一）落實技術及職業教育法，進用具有實務經驗之師資。

（二）建立符合技職教育特色之評鑑機制。

（三）推動教師多元升等制度。

黃政傑（2015）認爲科技校院必須審視社會變遷、產業及學生需求，檢核技職教育再造計畫成效，並注意下列改革要項，以有效解決目前技職教育學術化的問題：

（一）定位科技校院的教育目標，銜接於職業學校和專科學校，以學生在國內外就業爲導向，培育就業需要的技術、實務、知識和情意等能力。

（二）重新評估學系設置，以產業所需人力對應設系，並就校系聲望、學生素質和產業類型定位人才培育位階。

（三）科技校院辦理研究所招生愈來愈困難，辦學品質有低落的現象，宜全面檢視其定位、招生、課程、教學、師資、設備及研究生學習成效的品質，對於不符研究所品質標準者，要儘速改善或退場。

（四）配合就業能力要求（職能基準）、校系定位、人才培育目標、地區特色等因素規劃課程，以技術實務本位設計專業課程和實習課程，學生畢業應符合校系所訂的最低標準，並以重大社會議題、校內外服務學習和國際志工貫穿共同課程和專業課程的學習。

（五）科技校院的教學方法，宜配合課程的技術實務特色，在基本必要的講解外，採取體驗、練習、實作、設計、製作、創作、展演等方

式，發揮學生爲學習主體的精神，貫徹翻轉學習成效。

（六）配合科技校院課程教學和學習的技術實務本位，學習評量和教學評鑑均宜調整，在紙本測驗外，更重視技術實務表現的學習評量，並重視人際互動、領導、合作、問題解決及創新思考能力。

（七）師資條件宜重新訂定，不要求老師都具備博士學位。

（八）產學合作教育爲科技校院培養人才的重要媒介，由產業界人才加入科技校院的教育，合作教授專業課程和實習課程，實習宜包含參觀、見習、單項工作實習、完整工作實習，在科技校院可用的圖儀設備和場地外，也運用業界資源和情境。此外，職訓機構的配合也很重要，科技校院亦可建立學、訓或產、學、訓合作的教育模式。

（九）科技校院人才培育需要昂貴的資源配合，辦學宜縮小規模，勿以大取勝，而應求精求實，招生以學校有能力教導及學生畢業找得到工作的數量爲準。選才方法應有別於目前的考試方式，選才標準以技術實務能力爲本位，務必招收適合就讀的適量學生入學，把他們栽培成業界歡迎的人才，適才適所。

　　陳繁興（2019）針對所歸納六大造成當前臺灣技職教育問題原因，認爲教育主管機關宜儘快進行改革，畢竟第四次工業革命已經到來，沒有時間可再蹉跎，並提出改革策略建議如下：

（一）重新調整專業課程比例，推動職能基準教學。

（二）系科設置與調整應建立溝通協調機制。

（三）建立技職教育課程一貫制，加強產學合作教育。

（四）修改技職校院招生方式，引導學校重視實務學習。

（五）檢視技職校院之教育目標、課程架構應符合技職教育法規定。

（六）與職訓單位的合作與分工。

　　本書將比對前面整理之技職教育政策問題，再綜整上述學者對當今技職教育政策問題的改革策略分析，歸納本書對當今技職教育政策改革策略，從國中技藝、技術型高中、技專校院及技職校院共同教育等面向之建議如下：

（一）國中技藝教育問題，改革策略建議爲：

1. 國中技藝教育的定位不再是不喜歡讀書的學生參加，而是適性輔導具技藝學習性向的學生參加。
2. 國中技藝教育課程的規劃不是只有技能學生，而是了解產業工作現況，以利適性發展。
3. 國中技藝競賽應是技能切磋，而不是升學之工具，另命題及評判人員不宜授課之學校教師擔任，以免有球員兼裁判之嫌。

（二）技術型高中教育問題，改革策略建議為：

1. 檢視技職校院之教育目標、課程架構應符合技職教育法規定。
2. 藉十二年國教之推動，重新調整專業課程比例，推動職能基準教學，鼓勵青年就業—升學—就業之途徑，建立技職教育課程一貫制，加強產學合作教育，提升技職教育地位。

（三）技專校院教育問題，改革策略建議為：

1. 技專校院定位模糊，教學資源不足，教師實務工作經驗缺乏，偏向學術化、普通化。
2. 技專校院原應以培育產業生產技術人力為導向，現偏向學術化、普通化，而以培育研發人力為導向。
3. 科技校院之研究所招生愈顯艱難，辦學品質低落現象，宜全面檢視系所定位、招生、課程、教學、師資、設備及研究生學習成效的品質，不符研究所品質標準者，應儘速改善或退場。

（四）技職校院共同教育問題，改革策略建議為：

1. 因應少子女化之潮流，重新評估科系設置，以產業人力需求對應設科系，並就技職校院之校科系聲望、學生素質和產業類型定位人才培育位階，校際間產生良性競爭關係。
2. 建立技職教育課程一貫制，加強產學合作教育，科技校院明確定位教育目標，有效銜接職業學校和專科學校，並以學生在國內外就業為導向，培育就業需要的技術、實務、知識和情意等能力。
3. 主管機關應編足的技職教育經費，支持技職教育健全發展，有效提高技職體系主體的私立技職校院之政策重視，並縮小公私立技職學校學雜費差距，以及平衡對私立普通大學及私立技職校院之補助度。

4. 產學合作教育為技職校院培養人才的重要模式，由產業界人才加入技職校院的教育，合作教授專業課程和實習課程，實習宜包含參觀、見習、單項工作實習、完整工作實習，在科技校院可用的圖儀設備和場地外，也運用業界資源和情境。此外與職訓單位的合作與分工，所以技職校院與職訓機構亦可建立學、訓或產、學、訓合作的教育模式。

第三節　技術及職業教育法令

　　我國技術及職業教育（以下簡稱技職教育）之立法，自1985年啟動，期間歷經1988年《技術及職業教育法》草案、1999年《技術及職業校院法》草案、2001年《技術及職業校院法》草案、2004年《技術及職業校院法》草案、2009年《技術及職業校院法》草案，至2013年《技術及職業教育法》草案，已近三十年之歷程（胡茹萍，2014）。

　　技職教育長久以來對於提供國家基礎建設人力及促進經濟發展，厥功至偉。然而，受到社會重視學歷文憑及輕忽實務之影響，技職教育往往成為家長或學生第二順位之選擇。而為建立技職教育人才培育制度，培養國人正確職業觀念，落實技職教育務實致用特色，培育各行業人才，務必明訂法令方可依循。故教育部希望透過法令翻轉國人「萬般皆下品、唯有讀書高」的價值觀，並使技職教育向下扎根，導正技職學術化現象。《技術及職業教育法》在各界共同努力下，於2015年1月14日，由總統以華總一義字第10400002681號令制定公布全文29條，也正式宣示技職教育邁向法制化里程（教育部，2019）。

一、技術及職業教育法

　　立法院於2014年12月30日三讀通過《技術及職業教育法》，並依法律制訂程序於2015年1月14日以總統令公布《技術及職業教育法》，自公布日施行。

　　《技術及職業教育法》（以下簡稱《技職法》）包含第一章總則、

第二章技職教育之規劃與管理、第三章技職教育之實施、第四章技職教育之師資與第五章附則，共29條條文。並明定本法之主管機關在中央為教育部；在直轄市為直轄市政府；在縣（市）為縣（市）政府，主要為建立技術與職業教育（以下簡稱技職教育）人才培育制度，培養國人正確職業觀念，落實技職教育務實致用特色，培育各行業人才。

新頒布的《技職法》第四章將技職教育的師資分為「職前教育」及「在職定期研究」兩部分，未來欲成為技職教師須具有業界實務工作經驗、行業知能、企業生產實務的專技，並與產業相輔相成互相連結促進國家經濟發展才能為人師表。大部分學校皆肯定也認同技職教育法的立法宗旨，但母法制定後並未見配套細則與子法，爭議隨即而生，不管是在師資養成階段、在職進修期間學校的行政營運及教學進行，以及業界對產業研習教師角色的認定等皆無明確定義，未來學校該如何面對及因應，而現行的師資結構是否經得起該法的衝擊及挑戰，令人擔憂。因此教育部又提修正案，於2019年12月31日總統華總一義字第10800141691號令修正公布第25、26條條文。

二、相關子法

《技職法》公布後，就須搭配訂定技術及職業教育政策綱領及其他相關子法，內容摘述如下：

（一）技術及職業教育政策綱領

依《技職法》第4條第一項規定，技術及職業教育政策綱領（以下簡稱技職教育政策綱領），首度於2017年3月2日訂定公告。各級政府在本綱領指引下，積極推動各項政策，協助彰顯技職教育價值，強化校園與職場連結，促進教學之創新活化，並透過技職深耕計畫、優化技職校院實作環境計畫、產業人才合作培育機制，以及開放式大學辦理多元專業職能培力模式，逐步建構優質技職教育，朝本綱領所揭示之願景及目標邁進。依2015年1月14日公布之《技職法》第4條第二項規定，本綱領應至少每二年予以通盤檢討並公告，爰依法為之。

（二）其他相關子法

1. 行政院技職教育審議會組織及運作辦法

　　為培育符合國家經濟及產業發展需求之人才，制定宏觀技職教育政策綱領，行政院應定期邀集教育部、勞動部、經濟部、國家發展委員會及其他相關部會首長，召開技職教育審議會；其委員之遴聘、組織及運作辦法，由行政院定之。

2. 技術及職業教育法施行細則

　　《技術及職業教育法施行細則》，係於2016年3月1日訂定發布。因2019年12月31日修正公布之《技術及職業教育法》第25條第一項第二款及第三項規定，已將本細則第6條第二項及第三項規定，關於技職校院專業科目或技術科目之教師具備一年以上與任教領域相關之業界實務工作經驗之過渡規定予以納入並調整之，故刪除本細則第6條第二項及第三項；另本細則第7條規定：「本法第二十六條第二項所稱薪給，指教師法第十九條第一項及教師待遇條例第二條所定待遇，包括本薪（年功薪）、加給及獎金。」查2019年6月5日《教師法》修正公布後，已刪除該法修正前第19條規定，故配合《教師法》修正本細則第7條援引法規名稱。爰修正本細則第6條及第7條。

3. 直轄市及縣（市）主管機關辦理技術及職業教育獎勵辦法

　　《技職法》第7條規定：「（第一項）主管機關應衡酌區域產業及個人就業需求，配合社會、經濟及技術發展，規劃所轄學校技職教育之實施。（第二項）直轄市、縣（市）主管機關辦理技職教育具有成效時，中央主管機關得提撥經費予以獎勵；其獎勵之條件、方式及其他應遵行事項之辦法，由中央主管機關定之。」考量對於直轄市、縣（市）主管機關辦理技術及職業教育（以下簡稱技職教育）具有成效者給予獎勵，將更有助於技職教育之推動，爰訂定《直轄市及縣（市）主管機關辦理技術及職業教育獎勵辦法》。

4. 教育部技職教育諮詢會設置要點

　　教育部為促進技職教育專業發展，提供技職教育相關事項之諮詢，落實《技職法》第8條規定，組成技職教育諮詢會，特訂定教育部技職教育

諮詢會設置要點。

5. 高級中等學校實習課程績效評量辦法

《技職法》第13條第一項規定：「主管機關應就學校辦理實習課程實施績效評量；其評量之內容及其他應遵行事項之辦法，由中央主管機關定之。」爲落實高級中等學校實習課程之目標，確保其實施效益，進而消弭、縮短學校教育與就業市場之差異，提升畢業生就業能力，對於學校實施實習課程，應建立績效評量機制，爰訂定《高級中等學校實習課程績效評量辦法》。

6. 專科以上學校實習課程績效評量辦法

《技職法》第13條規定：「（第一項）主管機關應就學校辦理實習課程實施績效評量；其評量之內容及其他應遵行事項之辦法，由中央主管機關定之。（第二項）辦理實習課程績優之學校、合作機構及相關人員，主管機關得予獎勵。（第三項）學校辦理校外實習之合作機構，長期提供學校實習名額，且實習學生畢業後經一定程序獲聘爲該機構正式員工達中央主管機關所定一定比率者，主管機關應報經中央主管機關轉請中央目的事業主管機關予以獎勵。」爰訂定《專科以上學校實習課程績效評量辦法》。

7. 高級中等學校遴聘業界專家協同教學實施辦法

《技職法》第14條第一項及第二項規定：「（第一項）學校得遴聘業界專家，協同教學。（第二項）前項業界專家之認定、權利義務、管理、學校開設課程及其他應遵行事項之辦法，由中央主管機關定之。」鑒於國內爲建立我國技術及職業教育（以下簡稱技職教育）之人才培育制度，落實技職教育務實致用特色，對於就讀技職教育體系學生之務實致用能力及學生於畢業後能爲產業所用，具有高度期待，爰訂定《高級中等學校遴聘業界專家協同教學實施辦法》。

8. 專科以上學校遴聘業界專家協同教學實施辦法

《技職法》第14條規定：「（第一項）學校得遴聘業界專家，協同教學。（第二項）前項業界專家之認定、權利義務、管理、學校開設課程及其他應遵行事項之辦法，由中央主管機關定之。（第三項）主管機關對有

大量員工參與學校實務教學之企業，應予獎勵。」為利政策之延續性，爰訂定《專科以上學校遴聘業界專家協同教學實施辦法》。

9. 全國高級中等學校學生技藝競賽實施要點

教育部（以下簡稱本部）為落實技職法第15條第一項規定，舉辦全國高級中等學校學生技藝競賽（以下簡稱技藝競賽），特訂定本要點。

10. 高級中等以上學校推動教師及學生取得證照及參與技藝競賽獎勵辦法

《技職法》第15條規定：「（第一項）學校應鼓勵教師及學生參與技藝競賽或取得與所學及就業相關之證照，提升學生就業能力；辦理績效卓著之學校，主管機關得予獎勵。（第二項）各中央目的事業主管機關應彙整所轄產業之證照，送中央主管機關定期公告。（第三項）前二項證照之認定、第一項獎勵之條件、方式及其他應遵行事項之辦法，由中央主管機關會商中央目的事業主管機關定之。」爰訂定《高級中等以上學校推動教師及學生取得證照及參與技藝競賽獎勵辦法》。

11. 高級中等學校辦理職業繼續教育辦法

《技職法》第20條規定：「（第一項）職業繼續教育，得由學校或職業訓練機構辦理。（第二項）職業繼續教育依其辦理性質，由學校提供學位證書、畢業證書、學分證明或學習時數證明。（第三項）職業繼續教育應以開設在職者或轉業者職場所需課程為主；其課程得參採各中央目的事業主管機關所定之職能基準，進行規劃設計，並定期更新。（第四項）前項職業繼續教育之招生對象、課程設計、學習評量、資格條件、招生方式及其他應遵行事項之辦法，由中央主管機關定之，必要時，得會商中央勞動主管機關，不受高級中等教育法第三十五條至第四十條入學方式、第七章課程及學習評量，專科學校法第三十一條第二項招生方式及大學法第二十四條第一項後段招生方式之限制。」為擴大高級中等學校教育之功能，規劃辦理職業繼續教育，提供在職者及轉業者再學習職場所需之專業技術或職業訓練教育，爰訂定《高級中等學校辦理職業繼續教育辦法》。

12. 專科以上學校辦理職業繼續教育辦法

《技職法》第20條規定：「（第一項）職業繼續教育，得由學校或職業訓練機構辦理。（第二項）職業繼續教育依其辦理性質，由學校提供

學位證書、畢業證書、學分證明或學習時數證明。（第三項）職業繼續教育應以開設在職者或轉業者職場所需課程為主；其課程得參採各中央目的事業主管機關所定之職能基準，進行規劃設計，並定期更新。（第四項）前項職業繼續教育之招生對象、課程設計、學習評量、資格條件、招生方式及其他應遵行事項之辦法，由中央主管機關定之，必要時，得會商中央勞動主管機關，不受高級中等教育法第三十五條至第四十條入學方式、第七章課程及學習評量，專科學校法第三十一條第二項招生方式及大學法第二十四條第一項後段招生方式之限制。」爰訂定《專科以上學校辦理職業繼續教育辦法》。

13. 職業訓練機構辦理職業繼續教育及評鑑辦法

　　《技職法》第20條第四項規定：「前項職業繼續教育之招生對象、課程設計、學習評量、資格條件、招生方式及其他應遵行事項之辦法，由中央主管機關定之，必要時，得會商中央勞動主管機關，不受高級中等教育法第三十五條至第四十條入學方式、第七章課程及學習評量，專科學校法第三十一條第二項招生方式及大學法第二十四條第一項後段招生方式之限制。」第22條第二項規定：「前項職業繼續教育課程之認可、學習成就之採認及其他應遵行事項之辦法，由中央主管機關會商中央勞動主管機關定之。」及第23條規定：「職業訓練機構所辦職業繼續教育，主管機關得委託學術團體或專業評鑑機構辦理評鑑或訪視，並公告其結果；其評鑑、訪視及其他應遵行事項之辦法，由主管機關定之。」爰訂定《職業訓練機構辦理職業繼續教育及評鑑辦法》。

14. 高級中等學校職業繼續教育學生至合作機構接受職場教育訓練定型化契約應記載及不得記載事項

　　《技職法》第21條第一項至第四項規定：「（第一項）學校辦理職業繼續教育，得安排學生至職場接受教育及訓練課程。（第二項）前項職場教育及訓練課程，應由學校及合作機構共同規劃、設計，並與學生簽訂職場教育訓練契約。（第三項）前項職場教育訓練契約應載明教育訓練內容、學校、合作機構及學生之權利義務、學習評量、畢業條件等。（第四項）前項契約之格式、內容，中央主管機關應訂定定型化契約範本及其應

記載及不得記載事項。」爰訂定《高級中等學校職業繼續教育學生至合作機構接受職場教育訓練定型化契約應記載及不得記載事項》。

15. 高級中等學校專業科目或技術科目教師業界實務工作經驗認定標準

《技職法》第25條規定：「（第一項）技職校院專業科目或技術科目之教師，應具備一年以上與任教領域相關之業界實務工作經驗。但本法施行前已在職之專任合格教師，不在此限。（第二項）前項與任教領域相關之業界實務工作經驗之認定標準，由中央主管機關定之。」鑒於國內為建立我國技職教育之人才培育制度，落實技職教育務實致用特色，對於就讀技術及職業教育（以下簡稱技職教育）體系學生之務實致用能力，於畢業後所學能為產業所用，具有高度期待，爰訂定《高級中等學校專業科目或技術科目教師業界實務工作經驗認定標準》。

16. 技專校院專業科目或技術科目之教師業界實務工作經驗認定標準

《技職法》第25條規定：「（第一項）技職校院專業科目或技術科目之教師，應具備一年以上與任教領域相關之業界實務工作經驗。但本法施行前已在職之專任合格教師，不在此限。（第二項）前項與任教領域相關之業界實務工作經驗之認定標準，由中央主管機關定之。」另教育部於2012年7月30日以臺技（三）字第1010133455C號令修正發布《私立技專校院實務經驗及證照師資審查原則》，為利政策之延續性，參採前開原則，爰訂定《技專校院專業科目或技術科目之教師業界實務工作經驗認定標準》。

17. 高級中等學校教師進行產業研習或研究實施辦法

《技職法》第26條第一項規定，技職校院專業科目或技術科目教師、專業及技術人員或專業及技術教師，每任教滿六年應至與技職校院合作機構或與任教領域有關之產業，進行至少半年以上與專業或技術有關之研習或研究。相關研習或研究之辦法，由中央主管機關定之。為強化教師實務增能，提升教學品質，鼓勵高級中等學校專業科目或技術科目教師、專業及技術教師至合作機構或產業進行研習或研究，在研習或研究過程中讓參與研習教師、講師及工作人員相互交流，使教師與業界技術可以順利接軌，有效提升教師實務能力之教學品質，並與業界產生良好之產學交流活

動，建立產學長期互動模式，深耕產學合作，強化教師實務教學能力，爰訂定《高級中等學校教師進行產業研習或研究實施辦法》。

18. 技專校院教師進行產業研習或研究實施辦法

《技職法》第26條規定：「（第一項）技職校院專業科目或技術科目教師、專業及技術人員或專業及技術教師，每任教滿六年應至與技職校院合作機構或與任教領域有關之產業，進行至少半年以上與專業或技術有關之研習或研究。相關研習或研究之辦法，由中央主管機關定之。（第二項）前項研習或研究期間，技職校院應保留職務、支付薪給、給予公假，並事先簽訂契約書，約定研習或研究起迄年月日、服務義務、違反規定應償還費用之條件、核計基準及強制執行等事項。（第三項）技職校院因教學或業務需要，主動薦送、指派或同意教師、專業及技術人員或專業及技術教師至與技職校院合作機構或與任教領域有關之產業研習或研究，其辦理方式不受前二項規定之限制。（第四項）第一項產業研習或研究，由技職校院邀請合作機構或相關職業團體、產業，共同規劃辦理；必要時，得由主管機關協助之。（第五項）技職校院推動專業科目或技術科目教師、專業及技術人員或專業及技術教師定期至產業研習或研究，辦理績效卓著者，主管機關得予獎勵。」爰訂定《技專校院教師進行產業研習或研究實施辦法》。

19. 國民中學技藝教育實施辦法

現行加強國民中學技藝教育辦法係於2008年4月9日修正發布，為配合《技職法》第10條規定，乃將本辦法名稱修正為《國民中學技藝教育實施辦法》，並增訂本辦法之授權依據，及因應實務現況修正相關規定，爰修正本辦法。

20. 教育部國民及學前教育署補助國民中學區域職業試探與體驗示範中心作業要點

教育部國民及學前教育署依據《技術及職業教育法》及《國民中學技藝教育實施辦法》之規定，訂定本要點。目的為增進國民中小學學生對職業與工作世界之認識、提供國民中小學學生職業試探與興趣探索之機會、培育學生具備良好工作態度與建立正確職業價值觀。經費補助對象為各直轄市及各縣（市）政府。

參 考 書 目

Lerwick, L. P. (1979). *Alternative concepts of vocational Education*. Minnesota Research and Development Center for Vocational Education, Department of Vocational and Technical Education, University of Minnesota.

Ozmon, H. (1972). *Dialogue in the Philosophical Foundations of Education*, Columbus. Ohio: Charles E. Merrill.

王聖元（2015）。技職教育不應受趨勢所「騙」。**臺灣教育評論月刊**，**4**(11)，頁22-23。

王震武、林文瑛（1996）。**教育改革的臺灣經驗：國民教育的政策及行政措施分析**。業強出版社。

四一○教育改造聯盟（1996）。**民間教育改造藍圖：朝向社會正義的結構變革**。時報出版社。

朱玉仿（2007）。技職教育改革文獻回顧與前瞻。**研習資訊**，**24**(3)，127-134。

行政院（2017）。**中華民國技術及職業教育政策綱領**。行政院。

吳清基（2011）。**中華民國技術及職業教育簡介**。教育部編印。

李奉儒（2000）。**教育哲學**。國家教育研究院。

李建興（2013）。技職教育與產業接軌。**臺灣教育**，**679**，頁18-20。

李聲吼譯（2010）。**技職教育哲學——多元概念的探討**。五南圖書出版股份有限公司。

林信榕（2001）。**教育變革分析**。師大書苑。

胡茹萍（2014）。臺灣技術及職業教育法芻議。**臺灣教育**，685，頁8-20。

徐昊杲、林逸棟（2015）。破除高等技職教育普通化、學術化之迷思。**臺灣教育評論月刊**，**4**(11)，頁53-56。

國家教育研究院（2000a）。**教育大辭書**。文景書局有限公司。

國家教育研究院（2000b）。**教育概論**。正中書局。

張仁家、徐玉芳（2015）。技職教育學術化的省思。**臺灣教育評論月刊**，

4(11)，頁18-21。

教育部（2019）。**技術及職業教育發展報告書**。教育部。

陳恆鈞、許曼慧（2015）。臺灣技職教育政策變遷因素之探討：漸進轉型觀點。公共行政學報，**48**，頁1-42。

陳繁興（2019）。臺灣技職教育當前問題分析與改革策略。**臺灣教育評論月刊**，**8**(1)，頁68-76。

黃俊傑、吳展良、陳昭瑛（1996）。**分流教育的改革：理論、實務與對策**。行政院教育改革審議委員會。

黃政傑（2015）。技職教育學術化的問題與對策。**臺灣教育評論月刊**，**4**(11)，頁1-6。

黃健夫（2008）。當前我國高等技職教育發展問題之探討。**嶺東通識教育研究學刊**，**2**(3)，頁13-26。

楊瑞明、鄭博元（2019）。我國中等技職教育應有的變革與進化。**臺灣教育**，**715**，頁21-31。

歐陽教（1999）。**教育哲學**。麗文文化事業股份有限公司。

第二章　臺灣技術及職業訓練

　　臺灣經濟型態從農漁林牧業走向工業、服務業，進而在資訊科技產業蓬勃發展，尤其是半導體產業及IC設計產業，在世界上更是名列前茅。其中重要的因素除了國民教育的普及、職業教育的訓練到眾多科技大學的高等教育，提供了優質的勞動力。另一方面配合產業的轉型變遷，在職業訓練上也跟著發展，並契合產業技能訓練的需求，有了轉變。當前「勞動力發展署」專責職業訓練，配合國家重點發展產業及市場人力需求，辦理失業者職前訓練、青年職業訓練及在職者職業訓練；職能標準發展，開發重點產業關鍵人才職能基準；推動技能檢定等相關制度，以提升我國人才培育效能；依2012年訂定發布《技能競賽實施及獎勵辦法》，據以辦理各項技能競賽，包含全國技能競賽、全國身心障礙者技能競賽、國際技能競賽之國手選拔賽、國際展能節職業技能競賽之國手選拔賽、國際技能競賽、國際展能節職業技能競賽等，鼓勵青年參加職業教育與職業訓練，藉由競賽的方式，促進社會的重視並相互切磋，提高技術人員的技能水準。

第一節　勞動部職業訓練政策

　　2014年2月17日勞動部正式成立「勞動力發展署」，專責統合國家勞動力運用，並且擔任國家經濟發展及勞動力發展之幕僚工作，以因應整體勞動環境情勢之變遷、影響及挑戰。

　　勞動部勞動力發展署編制轄下有5個分署，設置共12座職業訓練場，來配合國家重點發展產業政策，以及因應在地就業市場人力需求辦理各項職業訓練，也負責訂定與執行國家職業訓練相關政策。

壹、職業訓練介紹

一、職業訓練法令與意義

　　政府為實施職業訓練，以培養國家建設技術人力，提高工作技能，促進國民就業，於1983年11月22日制定了《職業訓練法》。本法於2015年6月15日修正，目前公布實施之《職業訓練法》第2條明訂職業訓練主管機

關在中央為勞動部；在直轄市為直轄市政府；在縣（市）為縣（市）政府。第3條指出職業訓練的範疇，指為培養及增進工作技能而依本法實施之訓練。職業訓練之實施，概分為養成訓練、技術生訓練、進修訓練及轉業訓練。其訓練應與職業教育、補習教育及就業服務，配合實施。

而各項訓練之對象說明如下：

養成訓練—對15歲以上或國民中學畢業之國民，所實施有系統之職前訓練。

技術生訓練—係事業機構為培養其基層技術人力，招收15歲以上或國民中學畢業之國民，所實施之訓練。

進修訓練—為增進在職技術員工專業技能與知識，以提高勞動生產力所實施之訓練。

轉業訓練—為職業轉換者獲得轉業所需之工作技能與知識，所實施之訓練。

另外政府為提高技能水準，建立證照制度，立法規定應由中央主管機關辦理技能檢定。此立法授與了技能檢定與技術士證照制度的法源依據。

丁文生（2001）認為接受職業訓練的目的，依其對象提供了學校教育範疇之外的三種人員的訓練：

（一）對未在就業者給予的就業準備，讓他們學習職業所需要的專業知能。

（二）對在職員工給予工作上的調適、職務的輪調，或是轉業等不同層次的訓練，或是員工生涯發展的訓練。

（三）對失業者施以職業指導及轉業輔導。

綜合以上三種人員的分法，係將《職業訓練法》中養成訓練與技術生訓練歸類成就業準備，另外在職訓練與進修訓練分類相似，失業及轉業訓練分成一類。

二、職業訓練的變遷

臺灣經濟的發展與產業結構，從1950年代以來，由農業經濟發展到以資訊科技為主的產業型態，期間服務業規模逐漸壯大，而農業產業逐漸式微。面臨國內外環境瞬息萬變的轉變，2013年由德國提出工業4.0「智慧

製造」的概念，結合物聯網、雲端服務、大數據分析、數位物流等項目，製造商透過虛實整合，將傳統生產方式轉為高度客製化、智慧化的商業模式，達到快速製造、客製需求的少量多樣的產品給消費者。

　　職業教育與職業訓練面臨產業的變化，自然必須有所調整。職業教育也從原有針對中學生為主的職業訓練模式，做了課綱的改變，強調素養導向與核心能力的養成，讓學生能夠因應未來產業與技術的變化。勞動力發展署也從職前訓練、青年職訓、在職訓練到數位服務平臺等，做了一番調整與轉變。世界職業訓練趨勢也是由傳統計畫導向逐步調整為市場與科技導向，以符合整個社會變遷、產業需要與國家發展。例如辦理培訓數位產業人才，因應產業智慧化帶動產業人才需求，已成立產業人才培訓據點，辦理職前及在職訓練班，引領青年進入未來產業；鏈結產業發展趨勢，精進職業訓練量能。另外政府針對「5+2」國家重點產業政策，配合區域產業發展，結合民間場地、設備及師資等訓練資源，成立生技醫藥、亞洲·矽谷、電子資訊、自行車、智慧機械、製鞋、數位科技及資訊技術等11個區域產業據點，以培訓產業創新人才。

三、職業訓練發展沿革與現況

　　基於《憲法》第15條規定人民之生存權、工作權及財產權，應予保障；第153條規定國家為改良勞工及農民之生活，增進其生產技能，應制定保護勞工及農民之法律，實施保護勞工及農民之政策。所以政府應針對勞工工作權及其就業能力，給予適當的保障。臺灣職業訓練發展，根據《憲法》的精神，1950年初期僅是從經濟角度出發開始發展，接續面臨產業結構調整與整體經濟產業的變化，開始帶來失業問題，政府逐漸重視職業訓練的重要。1972年《職業訓練條例》立法通過，這是臺灣首次針對職業訓練而立法，也開始了職業訓練的法制化。1983年《職業訓練法》立法通過，成為當前職業訓練的重要立法依據。1986年《職業訓練法施行細則》立法通過，讓職業訓練有了執行的準則。

　　從勞動力發展署2019年的新聞稿表示，目前臺灣的職業訓練職類十分實用且多元，包含針對資訊通訊產業方面，辦理智慧通訊工程、微晶片電

子控制、精密機械、雲端建置與管理、智動化與機器人等課程；文創產業辦理數位圖文傳播、廣告設計、電腦輔助繪圖與3D列印創作等課程；觀光產業辦理民宿經營管理實務、星級旅館實務、旅遊從業人員等課程；還有少數缺工的產業或特殊需求的產業，例如水電、冷凍空調、服裝樣版設計、建築裝潢、烘焙食品及國際物流運籌管理等課程。以上課程提供待業或失業民眾依個人志向適性選訓，總計每年可培育人數將近一萬人，平均訓後就業率可達9成以上。

　　另外開辦iCAP職能認證課程，透由第三方認證課程內容，以加強勞資雙方對訓練成果的可信度，增進勞工就職能力。為因應智慧機械時代的來臨，積極引進德國的智慧生產經驗，導入智慧機械相關訓練課程，讓職業訓練課程所培育人才能與業界需求接軌。

　　為方便民眾查找職業訓練課程，勞動部也建置「臺灣就業通」網站（https://www.taiwanjobs.gov.tw/），提供民眾能夠透過網路查詢來了解全國所有職訓開班訊息。「臺灣就業通」這個品牌從2014年由勞動力發展署創立後，即整合全國公立就業機構實體服務與虛擬網路服務。提供了原本全國三百多個就業中心實體據點外，也可以利用超過一萬個超商門市去提供服務。網站內容分為「自我評估」、「職業探索」、「技能檢定」、「求職求才」、「創業協助」等5個項目，協助求職者可以認識自己的興趣及匹配的工作職業外，也提供就業諮詢、職業訓練、證照檢定等訊息，除了媒合求職求才雙方的需求外，也有幫助開設公司的一條龍服務。

四、勞動力發展署的沿革

　　1960年代臺灣於聯合國基金支助下，成立「工業職業訓練協會」，專責推動職業訓練工作，然不久即因退出聯合國而中斷此計畫。後於1972年制定《職業訓練金條例》，要求企業應提撥一定比例經費來辦理職業訓練，卻因執行過程遭遇許多困難而中止。

　　1981年內政部轄下成立職業訓練局，1987年配合當時主管全國勞工之「行政院勞工委員會」（現今勞動部）成立，職業訓練局旋即改隸其下。2010年1月12日配合行政院組織改造，原行政院院青年輔導委員會青年就

業及青年職業訓練中心業務，於2013年1月1日移撥至行政院勞工委員會職業訓練局，併入整體規劃青年就業業務。2014年1月9日三讀通過勞動部暨所屬機關組織法，行政院勞工委員會於2014年2月17日正式改制為「勞動部」，「勞動部勞動力發展署」亦同步改制正式成立。

勞動力發展署之業務概分成：

（一）職能標準及技能檢定組

以建構我國國家職能標準之平臺，降低育才與用才間之落差，並作為學校課程及教育訓練之指引。

（二）跨國勞動力事務中心

負責受理雇主申請外國人工作許可及就業安定費收繳業務等事項，簡化跨國勞動力許可業務。

（三）勞動力發展創新中心

以創新之思維建構勞動力發展之知識系統、數位平臺並針對師資及教法等進行研發，以達成勞動力發展策略之創新育成，並建構臺灣成為人才之培育基地。另為積極引發民間參與勞動力創新發展，併入原行政院勞工委員會福利處創業鳳凰、原職業訓練局多元就業開發方案及培力就業計畫等促進就業業務，改以結合創業貸款資源或創新補助模式，協助社會創業暨社會企業及創新組織育成、培育相關人才，創造就業機會。

（四）勞動力發展署各分署

將原職業訓練局所屬各區職業訓練中心與就業服務中心整併為北基宜花金馬分署、桃竹苗分署、中彰投分署、雲嘉南分署、高屏澎東分署等5個四級機關，提供民眾在地化之就業協助。

（五）技能檢定中心

推動及統籌辦理全國技能檢定、技術士證核發與管理等業務，將技能檢定整併為勞動力發展之一環。

勞動力發展署負責規劃執行職業訓練、技能檢定、就業服務、創業協助、技能競賽與跨國勞動力聘僱許可及管理等業務，並規劃推動我國職能標準制度，以及促進身心障礙者及特定對象就業等業務。

貳、職業訓練政策發展

　　我國早期職業訓練政策，主要係支援國家經濟建設計畫，政策目的為「純經濟性」之目標，提供產業所需之技術人力技能訓練。1990年代之後，隨著產業轉型，傳統產業外移，結構性失業問題開始顯現，為解決社會弱勢族群所受之衝擊，我國職業訓練政策加入「社會福利」任務，提供失業者、弱勢族群職業訓練，協助投入就業市場。自2000年後，結合就業保險及就業服務，轉為重視職業訓練之「就業安全功能」，整合了就業訓練、失業保險金及轉介就職的服務，讓勞工能安心地再投入勞動市場。

　　以下就2021年臺灣職業訓練的四大政策主軸，分別是青年職業訓練、失業勞工職業訓練、在職員工職業訓練、數位學習等做介紹。

一、青年職業訓練

　　近年來因全球化競爭、產業結構失衡、高等教育過度擴張等因素，青年投入就業市場遭遇困境。據行政院主計總處2019年「人力運用調查」，逾6成失業青年未曾遇有合適工作機會，其原因概分為「找不到想要做的職業類別」、「專長技能不合」、「待遇不符期望」等三類。

　　為支持青年就業，政府運用各式職業訓練，提供勞工技術轉型外，並逐步擴大產業合作接軌就業市場，辦理與時俱進的人才培訓，以迎接產業創新的挑戰。針對青年職業訓練方面辦理以下幾種計畫：

（一）補助大專校院辦理就業學程計畫：針對大專校院日間部畢業前2年之在校學生，引進業界專業人士師資，開設各職能之實務專精課程，加上共通核心職能課程，並輔以職場體驗，協助青年畢業後順利就業。

（二）雙軌訓練旗艦計畫：由學校與事業單位共同培訓2至4年，學員每週有2至3日在學校接受專業學科教育，另外安排3至4日赴事業單位工作做實務訓練，以學科與實務訓練輪流交替方式，讓學員得以學習專業知能與技能，培訓契合企業需求之專業技術人力。

（三）產學訓合作訓練：政府提供最長1年時間，到職訓機構接受專業技

術養成訓練,結訓後安排學員日間至事業單位工作實務訓練4至7年,訓練期間學員於夜間或例假日同步接受學校教育課程,以強化專業知能及就業技能,縮短學用落差。

(四)青年就業旗艦計畫:結合企業用人需求,由企業安排職場師傅,以先僱後訓模式補助企業自行辦理最長9個月的做中學訓練,以提高企業僱用經歷不足青年之意願。

(五)青年職訓專班:運用現有設備或結合訓練單位資源,採委託訓練單位或自辦職前訓練方式,規劃符合當前產業發展及青年先備職能之課程,協助學員結訓後即獲得就業所需技術或能力。。

(六)產業新尖兵試辦計畫:2019年12月開辦,結合中央目的事業主管機關與其捐助之法人、產業公協會以及大專校院等訓練資源,補助青年參加「5+2」產業創新相關課程,以協助青年具備重點產業所需技能。

二、失業勞工職業訓練

失業勞工就業訓練適用對象,針對15歲(含)以上、具工作意願但工作技能不足之失業者。失業者職前訓練計畫,提供失業者就業技能所推動之方案計畫,期望參訓者於訓後能立即就業為目標。運用政府及民間資源,以自辦、委辦或補助方式,對於工作技能不足或需補充就業技能之失業、待業或轉業適訓之勞工,規劃辦理各類就業導向職業訓練措施,提供相關參訓津貼及補助,以提升勞工工作實務技能,促進其就業及安定生活。

配合政府長期照顧2.0的辦理,為充裕長期照顧十年計畫的照顧人力需求,提升失業者專業技能,促進其就業,並落實照顧服務員用人單位訓用合一,鼓勵其自訓自用,辦理補助地方政府辦理照顧服務員用人單位自訓自用訓練計畫,鼓勵居家服務、日間照顧單位及機構等用人單位就其用人需求辦理照顧服務員訓練,以提升訓後留任成效,落實訓用合一。

三、在職員工職業訓練

為提升在職員工職能,配合產業升級及增進員工自我競爭力,政府提

供幾項在職員工訓練方案：

（一）產業人才投資方案：包合「產業人才投資計畫」及「提升勞工自主學習計畫」。本方案爲提升在職勞工知識、技能及態度，結合優質訓練單位，提供多元化實務導向訓練課程，並補助其訓練費用，以激發在職勞工自主學習，累積個人人力資本，提升國家整體人力資本目標。補助參訓勞工80%或100%訓練費用，每人3年內最高補助7萬元，以激發勞工自主學習，加強專業知識或技能，提高職場競爭力。其適用對象爲年滿15歲以上具就業保險、勞工保險或農民健康保險被保險人身分之在職勞工。

（二）充電再出發計畫：在職勞工因應重大災害、景氣情勢，或傳染病防治法所定之傳染病，例如COVID19新冠病毒疫情而影響對就業穩定性之影響，鼓勵利用暫時減少正常工時時段，參加訓練課程，持續發展個人所需技能，維持生計，並穩定就業。補助標準比照每小時基本工資（111年爲168元）發給。補助時數不得超過每月與受僱事業單位約定減少之工時數，且每月最高爲144小時，參訓勞工每月最高可領到2萬4,192元的訓練津貼。辦理之職業訓練課程之事業單位可補助最高350萬元。

（三）企業人力資源提升計畫：協助事業單位辦理在職員工進修訓練，擴展訓練效益，持續提升人力素質，累積國家人力資本，提升競爭力，並落實《就業保險之職業訓練及訓練經費管理運用辦法》之規定。適用對象爲受僱勞工參加就業保險之人數滿51人以上，並應符合計畫內相關規定之法人得以提出申請補助訓練計畫。

（四）充電起飛計畫：因應貿易自由化，輔導各產業從業人員參訓，提升工作知識技能與就業能力，並協助事業單位發展人力資本，持續提升勞工職場能力，穩定就業及促進再就業。適用對象爲符合原「因應貿易自由化產業調整支援方案」適用對象且年滿15歲以上具就業保險、勞工保險、農民健康保險被保險人身分之在職勞工。

（五）中高齡者退休後再就業準備訓練補助實施計畫：爲支持中高齡者退休後再就業，鼓勵雇主指派其所僱用之中高齡者勞工參訓，並補助

其70%的訓練費用，以支持中高齡者勞工退休再就業。適用對象為本計畫補助之雇主，為就業保險投保單位之民營事業單位、私立學校及依《人民團體法》或其他法令設立之團體（但不包括政治團體及政黨）。

（六）在職中高齡者及高齡者穩定就業訓練補助實施計畫：為支持中高齡者及高齡者穩定就業，落實《在職中高齡者及高齡者穩定就業辦法》第二章及第25條之規定。鼓勵雇主指派其所僱用之中高齡者及高齡者勞工參訓，並補助其70%的訓練費用，以保障中高齡者及高齡者勞工受訓權益。適用對象：就業保險投保單位之民營事業單位、私立學校及依《人民團體法》或其他法令設立之團體（但不包括政治團體及政黨）。

（七）小型企業人力提升計畫：為協助小型企業強化健全人才培訓發展，透過輔導諮詢及訓練執行等措施，有效投資人力資本，促進就業穩定。臺灣中小企業占全體企業家數97.63%，因規模較小，對於人力資本投資，需採取針對性的措施予以加強輔導及協助，以強化健全人才培訓發展。透過本計畫提供人才培訓之輔導諮詢及訓練執行的服務，可協助減輕小型企業投資人力資本之成本，達到鼓勵企業辦理訓練之意願，及提升訓練品質之效益。適用對象：1.國內依法辦理設立登記或營業（稅籍）登記，且受僱勞工參加就業保險之人數未滿51人之民間投保單位（以下簡稱企業）；2.訓練對象為本計畫提供服務期間，受僱於企業且具就業保險被保險人身分者。

四、數位學習

勞動力發展署為因應終身學習政策及產業人才發展趨勢，提供不限學習時間、地點、次數的勞動力發展數位學習資源，規劃了「推動勞動力發展數位學習計畫」，以方便民眾取得就業或創業所需知能，冀此提升民眾的職場能力和競爭力。為方便民眾操作與使用數位學習資源，學習平臺除可支援行動載具瀏覽並建置行動課程專區外，課程也依據技能檢定職類進行分類以方便搜尋，更重要的是因應開放學習趨勢，提供免登入會員學習

服務機制，希望藉此協助提升民眾的職場能力與競爭力。

　　「勞動力發展數位服務平臺」基於資訊通訊科技廣布化後，尤其在網際網路普及的情況下，網路不但改變了訊息傳遞的樣式，也改變了其處理、表達、呈現和接收的方式。配合近年來政府數位典藏、數位學習國家型科技計畫和雲端政策的推波助瀾，臺灣已朝數位島邁進。數位服務平臺結合資訊通訊科技趨勢、職業訓練與和勞動力發展任務之需求，提供產業轉型資訊、勞工發展技能、青年就業職能、微型創業等相關知識和管道等服務，整合線上課程、電子書及影音等數位教材，以因應未來行動學習之發展，隨時提供民眾方便、正確且系統性的職場新知，進而提升勞工的能力和競爭力。

第二節　勞動部職能基準發展

　　勞動部勞動力發展署為強化產業人才發展，積極建置產業職能基準與品質認證，同時推動產訓認同與應用職能基準計畫，協助企業依據經營目標策略與勞動力之需求，並能活用於組織內部之人力資源管理與發展。職能基準發展關係著整個企業的競爭力，透過職能分析建立出公司關鍵職務之職能模型，確認出各職務的專業職能，職能分析的結果可以用在人力資源管理上的選才、用才、訓才、留才等階段，成為個案企業在做人力資源規劃與發展時的重要參考依據。

壹、職能基準介紹

一、職能基準意義

　　職能基準（Occupational Competency Standard, OCS）是指「為完成特定職業或職類工作，所應具備之能力組合」，包括該特定職業或職類之各主要工作任務、對應行為指標、工作產出、知識、技能、態度等職能內涵。臺灣當前是由勞動部來負責職能基準發展的各項業務，而依《產業創

新條例》第18條所述，各類型工作的職能基準訂定，係由中央目的事業主管機關或相關依法委託單位所發展，為完成特定職業（或職類）工作任務，所需具備的能力組合。綜上可知臺灣發展職能基準，係將產業人才能力規格具體化，並提供人才培育端與需求端作為共同參考依據。

在職能的分類上，是依據專業職能來闡述員工，其從事特定專業工作（依部門）所需具備的能力。產業職能基準的內涵中，則必須考量產業發展之前瞻性與未來性，並兼顧產業中不同企業，對於該專業人才能力之要求的共通性，以及反應從事該職業或專業能力之必要性。因此職能基準不以特定工作任務為侷限，而是以數個職能基準單元，以一個職業或職類為範疇，框整出其工作範圍描述、發展出其工作任務，展現以產業為範疇所需要能力內涵的共通性與必要性，如圖2-1所示（勞動力發展署，2020b）。

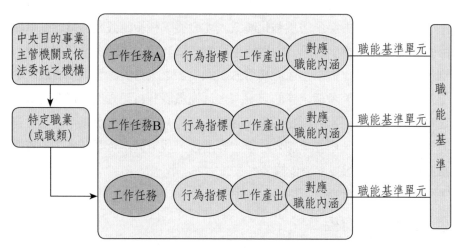

✿圖2-1　職能基準發展流程

資料來源：職能發展應用平臺https://icap.wda.gov.tw/Knowledge/knowledge_introduction.aspx

二、職能發展及應用推動要點

　　勞動部為協調整合中央目的事業主管機關所定職能基準，鼓勵民間發展及應用，推動培訓產業發展，強化職業訓練內涵及成效，提升從業人員能力，訂定「職能發展及應用推動要點」。本要點是2013年05月17日名公布，於2020年08月17日修正部分條文。

　　本要點說明職能分析係指以系統化方式就完成某類型工作、職業或職類所應具備能力之分析；職能單元係指各職業或職類主要工作任務及其所對應行為指標、工作產出、知識、技能、態度等能力組合；職能導向課程係指以職能基準、職能單元、各中央目的事業主管機關公布之相關職能資源或透過職能需求分析為依據所發展之訓練課程統稱，學習者可習得所對應職能應具備之職能內涵，並具備能展現所對應行為指標之能力水準。

　　為推動職能基準發展與應用，勞動部勞動力發展署建置了職能發展應用平臺，公布彙收之職能基準內涵與說明、通過品質認證之職能導向課程、相關職能資源及申請書表等資料，並提供資料查詢、審查服務申請及意見反饋等功能，以利各界運用。職業或職類之職能基準內涵，應包括該特定職業或職類之主要工作任務、行為指標、工作產出、對應之知識、技能、態度及職能級別，公布於職能平臺。

　　而我國職能基準就依行業、職業、職類等分類來發展：

（一）行業以中華民國行業標準分類為發展範疇。

（二）職業以符合中華民國職業標準分類所列之項目為主。

（三）職類以應用相近技能、知識之工作或職務之集合為發展範疇。

　　為確保職能基準品質，勞動力發展署則是參照需求、流程及成果等構面品質訂定審查標準，以作為審查職能基準之依據，審查指標如下表2-1所示。

❀表2-1　職能基準品質認證審核指標

構面	指標	要求條件
需求面	1.1產業及勞動力的需求	1.1.1 應說明發展標的對所屬產業領域及勞動市場之重要性或具體影響，並有具公信力的佐證資料，包含： (1)符合國內產業政策重點發展方向。 (2)有區域性產業發展之需求。 1.1.2 應說明發展標的對該職業有重要性或具體影響，至少包含以下兩項或其他自述具體面向： (1)對民眾財產安全及公共安全有相當影響或有明確法規執業資格要求。 (2)能提升所屬及相關產業產品或服務附加價值。 (3)對與國際接軌或跨產業人才流動有幫助。 (4)具轉型或新興需求。 (5)實際從業人數及人力來源人數具相當規模。 (6)人才缺口或職缺成長率大。
	1.2應用效益	1.2.1 應說明針對職能基準發展後具體可行或迫切需要之應用方式，如學校學程課程、職業訓練、企業人資制度。 1.2.2 應說明未來會應用之單位機構及其應用方式具體構想。 1.2.3 應預估該職能基準未來應用可能影響人數規模。
流程面	2.1方法工具選擇	2.1.1 應說明職能分析方法的考量原因及合理性。 2.1.2 應依據所選方法規劃符合理論依據的流程步驟，或說明符合實務操作正當性。
	2.2分析流程	2.2.1 應配合所選職能分析方法，規劃設計所需工具，如問卷、訪談題綱等。 2.2.2 應依據所規劃流程，循序進行完整步驟，並提供所用方法應產出之相關紀錄文件。 2.2.3 應有具實務經驗的利益關係人群體參及訂定的證據，且具3年以上實務經驗之資深人員需占6成以上，來源兼顧不同規模企業組織。
	2.3驗證方法	2.3.1 應依據職能基準標的性質說明如何選擇合適的驗證方法工具及驗證對象樣本。 2.3.2 驗證結果應顯示職能內涵項目的信效度或證明該職能內涵項目確為產業或勞動市場所需。 2.3.3 應依據驗證結果合理調整職能內涵項目。

構面	指標	要求條件
成果面	3.1產出項目	3.1.1職能基準產出項目應完備。
	3.2工作任務	3.2.1「工作描述」應清楚合宜呈現跨組織適用的主要工作範疇，且不會與其他職業（類）工作重疊。 3.2.2「工作描述」及「工作任務」應能明確反映目前產業及職場需求現況。

貳、職能基準應用及發展

一、職能導向課程

　　勞動力發展署為有效推廣各中央目的事業主管機關所發展之職能基準，應協調整合各中央目的事業主管機關所定之職能基準、訓練課程等服務資訊，以推動國民就業所需之職業訓練及技能檢定。

　　各訓練單位可運用職能基準發展，去設計職能導向課程及相關教育訓練等學習活動，以彌補員工的能力落差。為了確保職能導向課程及其訓練與學習活動品質，透過建立品質保證機制，訂定「職能導向課程職能導向課程作業規範」。依此作業規範要求，可讓職能導向課程在課程發展、內容規劃，以及學員學習成效上皆能達到預設標準與要求。

　　訓練單位配合職能基準之逐步建立，能擴大應用推廣之範圍，使訓練單位能發展培育產業所需要能力的職能導向課程，進一步來提升國民就業力及促進整體培訓產業的發展。也建立一個職能導向課程品質管理機制，透過職能導向課程審核指標，對相關單位所產出之職能導向課程進行檢驗，以確保課程發展與訓練成果的過程，具有高品質的保證，且符合產業及勞工就業力的需求。此品質管理機制就是在確認課程發展的需求程度、設計與發展的嚴謹性與適切性、實施與成果的有效性。

　　「職能導向課程品質認證作業規範」之目的為說明職能導向課程品質認證之推動方向、整體機制運作方式以及各項審查指標，協助主要關係

人能了解職能導向課程品質認證之作法與內涵。訂定職能導向課程品質認證之申請規定、作業流程，以及相關執行原則。規範職能導向課程之審查機制、作業流程及審查原則，據以辦理職能導向課程品質認證作業，使職能導向課程品質認證審查在公正客觀、兼具品質與效率的條件下進行。訂定通過認證課程之品質標章使用、學員結訓證書及課程實施管理之作業規範，促進申請單位於通過認證後，能有效地維護課程辦理成果以及使用品質標章，達成課程之成效目標。

職能導向課程審核指標，是為了掌握職能導向課程品質管理機制運作效能，並對培訓產業的課程發展、建置、產出成果有了重要的判斷基準。發展署綜合了國內外發展職能導向課程之經驗，結合職能導向課程特性，比照職能基準品質認證指標模式，也將諸多指標依照ADDIE面向來分類。

ADDIE模式指的是分析（Analysis）、設計（Design）、發展（Development）、實施（Implementation）、評估（Evaluation）五大面向歸納，此ADDIE模式為系統化教學設計（Instruction System Design，簡稱ISD）中最普遍且最簡易的模式（林佳蓉，2008）。所謂系統化教學設計，指的是在教學現場中，教師如何將教學前考量的一連串教材內容、問題及學習相關因素，綜合設計出一個有組織的教學活動，其目的是運用資源進行有效教學，讓學習者達到學習目標；讓每一個教學步驟、因素包括教師、學生、教材、教學方法、評量方式和環境互動等，都彼此互相影響教學結果，而這整個過程就是一個系統化的教學設計。

勞動力發展署並依據各面向之重點要求，進而發展審核指標，過程如圖2-2 ADDIE教學設計模型所示（勞動力發展署，2016a）。

（一）分析：職能導向發展的課程，應該是產業／企業或組織有實質需求，透過具體的職能基準依據或職能分析過程，並應依據職能與需求分析，規劃有系統性的課程地圖。

（二）設計：為確保課程設計，應依據職能與需求分析以及課程地圖，設計合適的教學／訓練目標，並依此發展完整的課程內容。

（三）發展：確定教學／訓練目標、對象及內容後，再決定適當的教學方法，以及選擇合適的教材與教學資源。

（四）實施：課程執行時，應保存實際課程辦理的資料證據，以確保實施的教學品質。

（五）評估：為確保課程成果的成效性，課程應設計合適且有效的評量方式。針對學習成果提出證據，規劃一套自我監控的機制進行整體學習成效的評估，以提出未來改進的具體建議。

☘圖2-2　ADDIE教學設計模型

資料來源：勞動力發展署（2016a），職能基準發展與應用推動計畫。

二、職能基準應用過程

　　企業或組織內可應用職能基準，依下列範例流程來發展（勞動力發展署，2020c）：

（一）職能底稿：公司為了建立企業職能模型，選定了行銷專員職務作為發展目標。公司即可參考職能發展應用平臺上的「行銷專員（KMM2431-002）」作為參考，依據公司組織現況及業務，增刪

行銷專員主要工作任務與工作產出的對應佐證，以歸納彙整行為指標，修訂出公司「行銷專員」職能模型底稿。

（二）專家會議討論確認底稿：依據底稿由外部專家及公司高階主管進行專家會議討論，可訂出「行銷專員」的職責為進行市場調查、概述市場狀況、分析目標市場消費行為與簡報、進行產品行銷活動等四大項，整理歸納訂出模型，此模型將用於工作說明書與發展訓練地圖的建立。

（三）發展職能基準內涵並修訂工作說明書：公司訂出工作說明書後，運用「行銷專員」職能基準內涵，包括工作內涵（工作描述、職能標準級別、工作任務、工作產出）及能力內涵（行為指標、知識面的職能內涵、技能面的職能內涵、態度面的職能內涵）的職能模型架構，結合公司對職務的工作期待及工作實務，進行工作說明書的修訂。

（四）工作職能標準化：最後確認修訂工作說明書是否符合公司組織現況應用，並做最後管理者討論定稿。公司即可據此來做教育訓練、績效考核及公司對「行銷專員」的工作標準化。

依流程訂定後，即可產出如圖2-3職能模型與工作說明書對應範例。

另外在學校應用方面，系所可依循職能基準規劃產學合作學程，藉此培育業界所需人才，提升學生之就業力。學校系所透過職能基準，來輔導學生了解本身就業能力需求，並進一步加強就業準備。學生也可依據職能基準自評能力是否符合產業界入門水準，自身的知識、技能是否足以展現專業能力（勞動力發展署，2016b）。

學校可規劃兩種職能基準應用工具：

（一）課程規劃DIY—以成功執行工作的能力要求為目標，規劃貼近實務的學程課程，規劃貼近實務的能力學習進程。首先進行職能分析確認、規劃課程地圖，再來設計教學／訓練目標及內容，選定教材教法及教學資源後進行教學，最後進行評量及課程成效及回饋修正。

（二）學生就業能力評估DIY—協助學生自我評估是否具備成功執行工作的能力，規劃貼近實務的能力學習進程。首先進行學生職業選定確認，再來依職能基準內容設定職場就業能力，最後再依據就業市場

職能模型與工作說明書對應範例

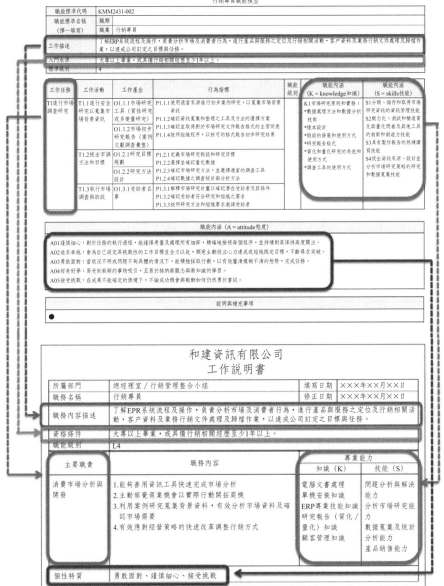

🌸 圖2-3　職能模型與工作說明書對應範例

資料來源：勞動力發展署（2020c），職能基準應用示範案例──和建資訊有限公司。

需求進行就業能力修訂。

基於系統化職能基準能力來培育學生，技職院校的學生在就業時，即能擁有業界行業就業時所需能力，如此學生就業時會有自信心，業界也比較接受學校培育的學生能力。

第三節　職業證照檢定

依據國家教育研究院（2000）對職業證照（occupational licence）的定義：「係由政府或公信機構，經公開的標準程序，檢測某些特定人員所具有之專業知識或技能，合格者則頒發證書，以作為其執業能力的證明或執業資格的憑證。」另職業證照常與勞動部技術士證畫等號，並被認為是個人在學校學習上告一階段後，為找到適才適性的工作，及可安身立命發揮潛能施展抱負前的跳板。本書將從職業證照制度、職業證照的類型、職業證照的效用、職業證照的未來發展等面向做介紹。

壹、職業證照制度

依據國家教育研究院（2000）說明之職業證照制度：「係指由政府或專業團體制定法規或團體規約，使取得職業證照者得到某種程度之就業保障。」並說明實施職業證照制度之基本條件有二：(1)公開而標準化之檢測；(2)對具有證照者之合理保障。所以一般而言，中央目的事業主管機關依法規核發之證照（考試院專門職業及技術人員考試執業證書、勞動部技術士證及行政院各部會行總處署所核發之證照）、中央目的事業主管機關依法規委託公私立機構核發之證照及中央目的事業主管機關依法規認證或認可之機關或公私立機構核發之證照，都可說是臺灣之職業證照制度。

國家教育研究院（2000）也說明實施職業證照制度之目的為：

（一）維護公共安全：部分職業，其從業人員之專技水準攸關他人生命健康或公共安全，例如：醫療、建築等，是以未具適當水準之人員應限制其執業，以保障社會或公眾之安全。

（二）確保服務品質：從業人員具有職業證照，表示其技能水準能符合一定標準，且經由證照之換發，方便政府或專業團體對所屬從業人員之管理，可確保服務之品質。

（三）保障就業權益：建立職業證照制度，限制非具有職業證照者不得執業，可以保障具有職業證照者之就業權益，亦可藉此提升專技人員之社會地位。

（四）提升專業水準：藉由證照檢測標準之訂定及適時修正，可提升具有證照之從業人員之專業水準。

（五）發展人力資源：藉由職業證照制度之建立，個人可依其檢測標準訂定自己的生涯發展目標，相關行業可依其標準培育員工，教育或訓練單位亦可依其標準培育人才。因此人力資源得以充分發展。

　　綜上職業證照制度，就是要維護公共安全、確保各產業服務品質、保障人民就業權益、提升充業人員之專業水準及有效發展人力資源，使各行各業可以維護公共安全及有效掌握專業人力和品質保證。

貳、職業證照的類型

　　本書所提之職業證照係包括行政院公報各年度公報「各中央目的事業主管機關核發、委託、認證或認可證照一覽表」之證照，內容分析如下：

（一）中央目的事業主管機關依法規核發之證照，計334項。

　　中央目的事業主管機關依法規核發之證照，可再分成三種：

1. 考試院專門職業及技術人員考試執業證書，小計76項。如律師、建築師、各科技師、醫師、中醫師、獸醫師、社會工作師、不動產估價師、保險代理人、導遊領隊人員、民間之公證人、牙體技術師生、消防設備師士、專責報關人員等十三種人員及其他依法律應經考試及格領有證書始能執業之人員。

2. 勞動部技術士證，目前技能檢定開辦140職類。勞動部為提升勞工朋友技能，促進經濟發展，於61年9月訂頒《技術士技能檢定及發證辦法》，於63年開始辦理技能檢定至今四十餘年，累計核發甲、

乙、丙、單一級技術士證達901萬餘張。

3. 行政院各部會行總處署所核發之證照，小計186項。如移民專業人員資格證明書、營造業工地主任執業證、民營汽車駕駛人訓練機構班主任證書、自用動力小船駕駛執照、一等船長適任證書、地下水鑿井技工考驗合格證書、農藥管理人員證書等。

（二）中央目的事業主管機關依法規委託公私立機構核發之證照，計11項。如內政部地政司委託中華民國不動產仲介經紀商業同業公會全國聯合會／中華民國不動產代銷經紀商業同業公會全國聯合會辦理之不動產經紀營業員證明書、交通部觀光局委託中華民國觀光導遊協會辦理導遊人員執業證書、經濟部工業局委託財團法人國家實驗研究院國家晶片系統設計中心辦理數位IC設計能力鑑定證書等。

（三）中央目的事業主管機關依法規認證或認可之機關或公私立機構核發之證照，計26項。如金融監督管理委員會所認證或認可中華民國人壽保險商業同業公會辦理人身保險業務員及格證書、經濟部工業局所認證或認可財團法人食品工業發展研究所辦理保健食品工程師能力鑑定證書：初級工程師、文化部所認證或認可社團法人臺灣技術劇場協會辦理劇場燈光技術技能職類證書：初級等。

參、職業證照的效用

「各中央目的事業主管機關核發、委託、認證或認可證照一覽表」之證照，所依循的法令、歸屬之主管機關各有不同，惟此證照提供的效用，對個人而言，係代表著個人的地位、保障、尊嚴；對大眾而言，給社會大眾提供生命、財產、身體健康、安全，有更周延的保障。本書再就這些證照的取得效用，做簡述說明：

（一）中央目的事業主管機關依法規核發之證照

1. 考試院專門職業及技術人員考試執業證書。依相關法規規定，75項技師之從業人員執行職務所必須具備；僅食品技師之從業人員執行職務非具備，但該行業應置一定比率（人數）人員。

2. 勞動部技術士證。其中有51項是屬於從業人員執行職務所必須具備；17項是屬於從業人員執行職務非具備，但該行業應置一定比率（人數）人員；2項從業人員執行職務無須具備（中央目的事業主管機關協調認同產業給予優先聘用或加薪）之證照；2項為從業人員執行職務無須具備（中央目的事業主管機關未協調認同產業優先聘用或加薪）。

3. 行政院各部會行總處署所核發之證照。其中有144項是屬於從業人員執行職務所必須具備；5項是屬於從業人員執行職務非具備，但該行業應置一定比率（人數）人員；28項從業人員執行職務無須具備（中央目的事業主管機關協調認同產業給予優先聘用或加薪）之證照；9項為從業人員執行職務無須具備（中央目的事業主管機關未協調認同產業優先聘用或加薪）。

（二）中央目的事業主管機關依法規委託公私立機構核發之證照。其中有4項是屬於從業人員執行職務所必須具備；2項是屬於從業人員執行職務非具備，但該行業應置一定比率（人數）人員；5項從業人員執行職務無須具備（中央目的事業主管機關協調認同產業給予優先聘用或加薪）之證照。

（三）中央目的事業主管機關依法規認證或認可之機關或公私立機構核發之證照。其中8項是屬於從業人員執行職務所必須具備；15項從業人員執行職務無須具備（中央目的事業主管機關協調認同產業給予優先聘用或加薪）之證照；3項為從業人員執行職務無須具備（中央目的事業主管機關未協調認同產業優先聘用或加薪）。

綜上，現今臺灣「各中央目的事業主管機關核發、委託、認證或認可證照一覽表」之證照效率，如是屬於從業人員執行職務所必須具備，就必須具備執照，才能執業或就業；如是屬於從業人員執行職務非具備，但該行業應置一定比率（人數）人員，及從業人員執行職務無須具備（中央目的事業主管機關協調認同產業給予優先聘用或加薪）之證照，是比較受重視，持有者就業保障比較高；從業人員執行職務無須具備（中央目的事業主管機關未協調認同產業優先聘用或加薪）之證照，可能就會被忽視。

肆、職業證照的未來發展

「職業證照」，顧名思義就是取得入門工作之資格，持有證照者也期待職場會聘任及有理想的待遇。但臺灣過去受傳統觀念影響，社會大眾重文憑而輕技術，除醫師、建築師等少數專業證照較受肯定外，其餘多數技術士職業證照則未受到普遍支持。教育及職訓行政單位則認為，落實職業證照制度可以提升技術人員社會地位，有助於導正社會大眾之職業觀念，紓緩盲目升學之風氣。因此行政院勞工委員會（現勞動部）訂定「加強技能檢定，建立技術士職業證照實施計畫」，經行政院核定公布實施，除責成主管機關職訓局（現勞動力發展署）積極推動外，並要求教育部及各目的事業主管機關修訂相關法規加強配合辦理。教育部已依此計畫，配合辦理職業學校在校生專案技能檢定。但產業是否依「各中央目的事業主管機關核發、委託、認證或認可證照一覽表」規定：「從業人員執行職務所必須具備」，必須具備執照，才能執業或就業，相關主管單位應落實查核，以保障取得證照者之工作權利。另全球化時代的來臨，「職業證照」如何配合國際移動力之落實，也是未來「職業證照」發展所應注意的方向。還有AI人工智慧時代的來臨，「職業證照」如何配合調整也應該有所因應。因此本書建議「職業證照」的未來發展如下：

（一）「職業證照」法制化的落實

「職業證照」頒定之職類，就應朝「從業人員執行職務所必須具備」之目標邁進。以保障取得證照者之工作權利，並可保障社會大眾之各種權利。

（二）「職業證照」與國際接軌

各種職業證照制度之設計，尤其是考試制度，如何配合全球化趨勢，與國際接軌，是後續應加以研究的重要課題，以利取得證照者，容易至相關國家換照或考照。

（三）「職業證照」與AI人工知慧的配合

AI透過演算法、數據、資料庫（Helgadottir, 2019）等等的分派，如歐盟目前的規劃，除了機器人、健康照護、藍色海洋、無人機、水產養殖、

鐵路與飛航系統、多國語言互聯網（Helgadottir, 2019；Luxton, 2014）等等，在歐盟的AI發展政策中，也設計具開放性和探索性的計畫型態，以利培育更多相關領域的AI人才和技術（林葳均、陳信宏，2019）。

　　所以臺灣未來的產業，也將因AI人工智慧的來臨，專業技術會配合改變，對「職業證照」也將配合做修正，以符應時代的改變。

第四節　全國與國際技能競賽

　　我國技能競賽係由勞動部勞動力發展署所主政，競賽分類依照《技能競賽實施及獎勵辦法》（勞動部，2019）計有：分區技能競賽、全國技能競賽、全國身心障礙者技能競賽、國際技能競賽、國際展能節職業技能競賽、亞洲技能競賽及其他為特定目的所舉辦或參加之技能競賽。技能競賽的主旨，在建立技能價值觀念，鼓勵青年參加職業教育與職業訓練，藉著競賽的方式，促進社會的重視，激起大眾的興趣，檢討職業教育與職業訓練的教學成果，並藉相互切磋與觀摩，提高技術人員的技能水準（勞動力發展署，2020a）。我國自1968年起開始逐年舉辦全國技能競賽至2021年已經辦理51屆，技能競賽是我國青年在技藝與技能展現的重要平臺，也使得技職教育與職業訓練有密切的連結，並整合技術型高中、技專校院、職訓機構與工商企業培育技術人才，提高了整體國家技術水準，透過此一平臺選拔國手參加每二年舉辦的國際技能競賽（WorldSkills Competition），目前已經參加過25屆並獲得110面金牌、116面銀牌、116面銅牌為國家爭取光榮。

　　有關技能競賽之辦理種類與期程如下：
（一）全國技能競賽（含分區技能競賽），每年舉辦一次。
（二）全國身心障礙者技能競賽，每二年舉辦一次。
（三）國際技能競賽國手選拔賽，每二年舉辦一次。
（四）國際展能節職業技能競賽國手選拔賽，每四年舉辦一次。
（五）亞洲技能競賽國手選拔賽，每二年舉辦一次。
（六）其他為特定目的舉辦之技能競賽，中央主管機關得不定期辦理。

壹、青年組技能競賽

一、分區技能競賽

　　由於青年組「技能競賽」參賽選手年齡與「高級中等學校技藝競賽」相近，易讓人產生混淆，以下簡要說明「技藝競賽」事項。有關「技藝競賽」係各教育行政主管機關辦理，分有「國民中學技藝競賽」及「高級中等學校技藝競賽」，其中，「國民中學技藝競賽」係依據《國民中學技藝教育實施辦法》辦理之，因與「技能競賽」層面牽涉較少，故在此省略不談。而「高級中等學校技藝競賽」係由教育部國民及學前教育署主政，主要依據《技術及職業教育法》第15條第一項規定，其目的係增進教學效率，培養學生迅速、準確、安全之工作習慣與精益求精之精神；鼓勵學生公開競賽，提高其學習興趣及榮譽感；倡導校際間師生相互觀摩砥礪，促進職業教育之改進與發展（教育部，2020）。參加對象為專業群、科、綜合高中專門學程之學校（包括學校型態實驗教育學校）應屆畢（結）業學生，不包括延修生；以及高級中等教育階段非學校型態實驗教育，且其實驗教育計畫課程所屬類型為技術型之應屆畢（結）業學生，不包括延修生。競賽類別分為五大類科計有家事類、農業類、海事水產類、商業類、工業類。獎勵要點中明訂，各競賽職種名稱與全國技能競賽職類相同者前三名優勝學生，得入圍參加「全國技能競賽」。

　　「技能競賽」係由勞動部主政，青年組技能競賽年齡限制在21歲以下選手，其中資訊網路布建、集體創作、機電整合、飛機修護、雲端運算、網路安全等6職類選手限24歲以下選手參賽；另外，青少年組參賽者限定為國民中學在學學生為主。上述選手之年齡規範係遵照國際技能競賽組織及國際技能組織亞洲分會的規定。

　　分區技能競賽為全國技能競賽之第一階段，先行於北、中、南等三區進行分區技能競賽，再推薦優勝選手參加全國技能競賽。

（一）分區

　　北區：由勞動部勞動力發展署桃竹苗分署承辦；轄區包括臺北市、新北市、桃園市、基隆市、宜蘭縣、花蓮縣、金門縣及連江縣等8縣市。

中區：由勞動部勞動力發展署中彰投分署承辦；轄區包括新竹縣、新竹市、苗栗縣、臺中市、彰化縣、南投縣及雲林縣等7縣市。

南區：由勞動部勞動力發展署雲嘉南分署承辦；轄區包括嘉義縣、嘉義市、臺南市、高雄市、屏東縣、臺東縣及澎湖縣等7縣市。

（二）**職類**

1. 青年組

綜合機械、資訊網路布建、集體創作、機電整合、CAD機械設計製圖、CNC車床、CNC銑床、商務軟體設計、銲接、建築舖面、汽車板金、飛機修護、配管與暖氣、電子、網頁技術、電氣裝配、工業控制、砌磚、粉刷技術與乾牆系統、漆作裝潢、機器人、家具木工、門窗木工、珠寶金銀細工、花藝、美髮、美容、服裝創作、西點製作、汽車技術、西餐烹飪、餐飲服務、汽車噴漆、造園景觀、冷凍空調、資訊與網路技術、平面設計技術、健康照顧、冷作、模具、外觀模型創作、麵包製作、工業機械修護、3D數位遊戲藝術、雲端運算、網路安全、旅館接待、中餐烹飪、國服、板金、鑄造及應用電子等52職類。

2. 青少年組

CAD機械設計製圖、商務軟體設計、電子、網頁技術、電氣裝配、工業控制、漆作裝潢、機器人、花藝、美髮、餐飲服務、平面設計技術及3D數位遊戲藝術等13職類。

3. 特別事項

(1) 中餐烹飪、國服、板金、鑄造及應用電子等5職類非屬國際技能競賽職類。

(2) 其中應用電子職類自109年起繼續辦理3年，並於112年停止辦理該職類競賽。

(3) 綜合機械與工業機械修護職類自111年合併為「工業機械」職類。

（三）**獎勵、進路與證照**

1. 參加分區技能競賽青年組獲得前5名之選手，除獲頒獎金與獎牌、獎狀及獲推薦參加全國技能競賽外，並可依《中等以上學校技藝技能優良學生甄審及保送入學辦法》等規定，參加甄審或保送至技術

型高中（高級職業學校）、五專、二專、四技或大學相關科系進修，俾成為理論與技術兼備之中堅技術人才。

2. 參賽之青年組選手並可依據《技術士技能檢定及發證辦法》規定：參加分區技能競賽青年組獲得前三名，自獲獎日起3年內，參加相關職類丙級或單一級技能檢定者，得申請免術科測試。

二、全國技能競賽

延續分區技能競賽，全國技能競賽每年辦理一次，由各職訓機構、技術型高中與工商企業界提名選手參加全國技能競賽，在此階段也將遴選出國手加入國家代表隊，參加亞洲技能競賽與國際技能競賽等盛會，因此年齡與參賽限制與分區技能競賽相同，目前競賽職類亦由最初的14職類，增加至青年組52個職類及青少年組13個職類，上述職類與分區技能競賽相同。

在選手之獎勵、進路與證照方面，參加全國技能競賽青年組獲得前5名之選手，除獲頒獎金與獎牌、獎狀外，並可依《中等以上學校技藝技能優良學生甄審及保送入學辦法》等規定，參加甄審或保送至技術型高中（高級職業學校）、五專、二專、四技或大學相關科系進修；參賽之青年組選手並可依據《技術士技能檢定及發證辦法》規定，參加全國技能競賽成績及格，自及格日起3年內，參加相關職類乙級、丙級或單一級技能檢定者，得申請免術科測試。

三、國際技能競賽

國際技能競賽（WorldSkills Competition）相當於技術與職業訓練界的奧林匹克賽事，於1950年由西班牙和葡萄牙兩國成立的「國際職業技能訓練組織」（International Vocational Training Organization, IVTO）發起辦理國際技能競賽，第一屆在西班牙馬德里舉行，截至2020年已經舉辦過45屆，目前正式之競賽職類超過50種。而IVTO於2001年改稱為「國際技能競賽」（WorldSkills Competition, WSC），其後於2006年改組成為「國際技能組織」（WorldSkills International, WSI）是目前國際技能競賽的主辦

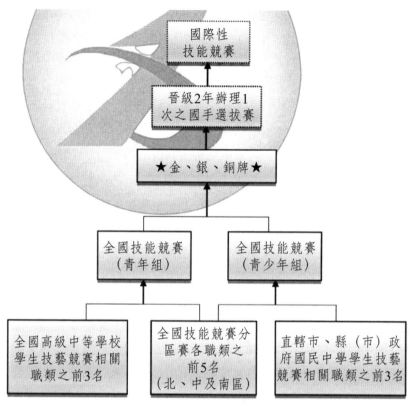

✿圖2-4　分區、全國及國際技能競賽賽制圖

資料來源：第51屆全國技能競賽簡章

機構，總部設於荷蘭阿姆斯特丹，目前擁有84個國家和地區成員，該組織之章程：（一）促進職業訓練意見與經驗之交流；（二）職業技術能力水準交流；（三）促進青年技術之交流。藉由國際技能競賽大會及研討會等活動，增進各國青年技術人員之相互觀摩、了解與切磋，加強國際間職業訓練與職業教育資訊與經驗之交流，進而促進各國職業訓練與職業教育之發展。

中華民國於1970年開始參加IVTO，並於1971年在西班牙希洪舉辦第20屆國際技能競賽起，每屆均派選手參賽，迄今已獲得獲得110面金牌、116面銀牌、116面銅牌、247個優勝，值得一提的是我國於1993年承辦第32屆國際技能競賽於臺北舉辦，當年度獲得18面金牌、10面銀牌、4面

銅牌、4個優勝，相當漂亮的成績。然因國際局勢丕變，2010年起被迫不再能使用中華民國國號（R.O.C.）參加比賽，改循奧會名稱以中華臺北（Chinese Taipei）參賽。

我國於2019年參加第45屆比賽後之檢討報告提出建議：（一）建議辦理三階段國手選拔；（二）積極參加亞洲技能競賽；（三）積極參加國際交流賽事；（四）積極參與新興職類技能競賽；（五）積極參加青少年組國際技能競賽；（六）宜設置臺灣館推廣技能外交；（七）出國參賽期間支付國際裁判、訓練老師及翻譯人員工作費用；（八）提高選手得獎獎金並提供培訓團隊獎金；（九）採包機方式前往參賽（勞動部，2020）。

競賽的最重要目的，是鼓勵青年學習技能，使其有好的職涯發展。國際技能競賽，由原本西班牙及葡萄牙兩個國家的比賽，一直演變到目前59個國家的全球最大規模的技能競賽，第44屆選手已近1,300位，除了參賽國家及選手大幅增加外，為了爭取佳績，很多國家更不惜重金購置設備、延攬專家，為了競賽而培訓選手，中國大陸即是一例。第44屆我國參加42項職類，中國大陸參加47項職類，惟每職類培訓經費，卻有數十倍等不成比例的差距，我國應繼續專注青年技能發展的競賽本質，鼓勵更多年輕人學習技能，讓技能向下扎根，期能提供產業優質技術人力，避免過度重視奪牌，造成為競賽而競賽的惡性循環（勞動部，2017）。

貳、身障組技能競賽

一、全國身心障礙者技能競賽

此競賽之目的為改善身心障礙者技能，肯定身心障礙者之潛能，並鼓勵身心障礙者參與社會上的經濟活動，促進社會大眾了解身心障礙者之能力，提倡國際友誼與技術交流，策進各級政府重視身心障礙者的需要和權利。

我國自1984年起舉辦全國身心障礙者技能競賽，原本辦理模式為不定期辦理進階到每二年辦理一次，主要係配合每四年舉行一次的國際展能節職業技能競賽。目前辦理的職類有籐藝、家具木工、電腦程式設計、網頁

設計、CAD機械設計製圖、電腦軟體應用、資料庫建置、陶藝、繪畫、基礎女裝、男裝、工業電子、珠寶金銀細工、攝影、海報設計、編輯排版、蛋糕裝飾、電腦組裝、平面木雕、自行車組裝、西餐烹調、廣告牌設計、進階女裝、麵包製作、電腦輔助立體製圖、電腦操作、花藝、電腦中文輸入等27個職類。

　　競賽獎勵機制為參加全國身心障礙者技能競賽獲得前三名的選手，所獲頒之獎金、獎牌，均與全國技能競賽之前三名的選手相同。另政府為鼓勵身心障礙者能夠自力更生，成為國家社會之柱石，於1996年起全國身心障礙者技能競賽及參加國際展能節獲得前三名之優勝選手均可依《中等以上學校技（藝）能優良學生甄試及甄審保送入學辦法》至各公、私立大專院校相關科系再進修，這樣的措施激勵了許許多多身心障礙青年，更能夠發揮生命的光輝。

二、國際展能節職業技能競賽

　　國際展能節職業技能競賽係屬於國際技能組織（WSI）之國際奧林匹克身心障礙聯合會（International Abilympic Federation）所發起，目前參與該組織的國家與成員已經超過50個，目前總部設於日本，每四年舉辦一次國際展能節，從第7屆開始到目前第10屆，我國連續四年皆以團體第二名之姿表現出亮眼的成績。

　　由於每屆所辦理的職類常常有所變動，也是造成選拔與訓練選手上的困難，其主要因素是依據國際展能節競賽執行規定，每個職業技能競賽項目，至少需有來自三個代表團之五個競賽者參與，若因報名代表團及人數不足而不舉辦競賽時，屆時該職類之選訓的國手將不能有參賽的機會。

　　報名基本資格：其一，需具中華民國國籍，年滿15歲以上，領有效期限內身心障礙證明者（依據《身心障礙者權益保障法》及《身心障礙鑑定作業辦法》規定所開立之證明）。僅採認衛生主管機關鑑定，縣市政府社會局（處）核發的身心障礙證明，不採認其他單位開立的證明。其二，曾獲得全國身心障礙者技能競賽前三名之優勝選手，不得再參加同職類全國身心障礙者技能競賽。

國手選拔賽資格：最近十年獲得全國身心障礙者技能競賽前三名之選手，未曾代表我國參加同職類國際展能節職業技能競賽者，可報名參加國內國手選拔賽，但其競賽成績不列入本屆競賽名次。

獎勵的方式：其一，每一職類前5名選手，得由該年度技優生甄審及保送入學之承辦學校列入參考條件。甄審及保送入學資格，請依教育部訂頒之《中等以上學校技藝技能優良學生甄審及保送入學辦法》、「高級中等學校技藝技能優良學生甄審及保送入學實施要點」、「專科學校技藝技能優良學生甄審及保送入學實施要點」及招生辦法或簡章規定申請。其二，凡競賽成績及格者，且依「國際展能節職業技能競賽暨全國身心障礙者技能競賽得免技術士技能檢定術科測試職類對照表」得對照之職類選手，可於賽後至勞動部勞動力發展署技能檢定中心網站下載技術士技能檢定免試術科證明，並依規定於3年內參加相關職類乙級或丙級技能檢定術科測試，得免術科測試。

參、社會組技能競賽

社會組技能競賽自2012年開辦，又名為「勞動達人盃全國技能競賽」，採每年辦理，參賽者年齡必須滿22歲以上，主要與青年組技能競賽年齡有所劃分；於2013年更名為「全國職場達人盃技能競賽」，並自2015年起採每二年辦理一次。

辦理全國職場達人盃技能競賽的目的：

（一）鼓勵國人學習技術，提高國家技能水準。

（二）增進業界聯誼與技術交流。

（三）促進團隊合作，發揮職場效能，展現個人技藝。

主要由政府與產業界合作，以產業發展為導向，2019年起更以特定產業結合不同職類，接軌產業技術現況，並辦理產業之展覽活動方式合作辦理，期使社會大眾更加了解產業技術的發展與脈動，並能關注技能學習、發展與趨勢。

由勞動部、勞動部勞動力發展署規劃，由勞動部勞動力發展署技能檢

定中心及各分署輪流承辦。廣邀產業、企業、職業訓練機構與單位，提名年滿22歲以上員工，工作或訓練年資累計一定時間以上（年資依各屆賽事簡章規定）報名參加競賽。競賽職類約略有綜合機械、CNC車床、工廠自動化技術、金屬銲接、蔬食創意料理、粧髮創意造型、泥作創意、室內裝潢創作、櫥窗設計、麵包製作、汽車保修技術、西餐技藝、機車修理、餐飲服務等14職類，惟每屆賽事開辦職類略有不同。

肆、疫情後國際技能競賽趨勢

　　由於新冠肺炎（Covid-19）肆虐全球，國際技能組織（WSI）在2019年俄羅斯喀山第45屆國際技能競賽後，提出採取「工作能力導向在遠端評估數位服務的競賽」（Digital Services for remote assessment in competitions and for work competence），主要目的有以下兩點：

（一）允許辦理遠端比賽替代目前集中式的賽事。如此可以提供不同國家和地區因為防疫的需求進行比賽，當然這必須要在國際技能組織（WSI）的監督之下，或者是使用WorldSkills職業標準，但可不受國際技能組織監督的比賽。

（二）允許偏遠且不斷成長地區的人們，依據WorldSkills職業標準評估他們的技能表現，以此向產業、職業工會證明技能成就，也是工作能力的衡量標準。

　　目前國際技能組織將以遠端數位服務模式，在WorldSkills的職業標準下提供人們學習、工作與評估，也將此競賽標準轉換成目前職場使用的相容格式，即為職業標準。

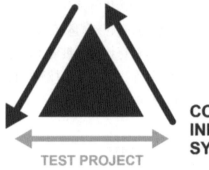

✿圖2-5　評估的基本要素（Essential Elements of Assessment）

資料來源：WorldSkills International (2021)

一、數位遠端評估服務的發展

（一）運用e-Portfolios評估工作能力與工作程序，提供產業雇主與高等教育機構透明且值得信賴的評估證明。

（二）使用區塊鍊（Block chain）技術提供跨域、跨國際可信任的安全保障，目前聯合國教科文組織已使用此一跨境模式獲得良好成效。

（三）學習者可以上傳工作能力證明（包含影片與音檔），或者可以使用遠端即時評估，目前有許多平臺都可以提供此種技術模式給產業雇主，以便直接了解相關技能發展。

（四）以更細部的技能認證方式進行技能學習區塊，這些學習區塊具有一定的商業價值，可以透過聯盟與更廣泛的方式獲得支持。

二、遠端評估在技能競賽與能力本位評估的要素

（一）環境評估與測驗項目必須有詳細的規範與準備。

（二）對於適宜的物理環境與技術獲得應當要有明確的所有權規劃。

（三）評估方法沒有辦法從物理環境直接轉換到遠程評估環境，因此必須針對每種技能進行評估環境的機會性和侷限性。

（四）儘管在相同標準的情況下，評估人員必須經過良好的培訓和準備。

（五）評估的技術必須可靠，以便評估組織者使用標準平臺與資訊的支援。

三、技能競賽和工作能力評估

（一）有效性：評估任務和相關標準應該要衡量選手能發揮預期的表現水準。

（二）可靠性：評估在不同時間和地點間有可比較性，要求對作業的設置、評分和審查有清晰和一致的過程。

（三）真實性：場地、設施、設備必須要完全符合選手的需要。

（四）充分性：場地、設施、設備必須要完全涵蓋標準的要素。

（五）通用性：場地、設施、設備要與標準是充分相關的。

（六）可及性：需要讓選手到達比賽場地、使用上是容易的。

四、遠端技能競賽的評估與評分

（一）量測：需表明符合標準的規則，訂定出公差範圍，以較低的分數表示較大的差異。在遠端比賽中仍需要提供或指定這些規則。

（二）裁判：以技能標準提供評審用於裁判質量，以4分制評分。如果3位裁判有所差異時，則由第4位裁判協調和主持。

五、遠端技能競賽的資訊系統（Competition Information System, CIS）

（一）標準視訊會議平臺：提供視訊會議平臺對於有權限的人員開放，提供不同會議室讓裁判之間以及裁判與選手之間可以有對話與交流的機會。

（二）成績紀錄和成果平臺：提供成績紀錄與成果的平臺，目前已經有這樣的平臺設置與服務。

（三）電子檔案：根據技能與職業標準蒐集比賽過程與證據，包含文件與影音。

（四）數位證書：對評估結果進行驗證，以綜合表現成績證明比賽的成

　　果,給予選手一個證明。

　　由於疫情的發展,但是仍不能阻撓國際技能競賽的舉辦,因此,透過區塊鍊的模式,提供在不同時間、不同地點,以相同的技能與職業標準,透過非同步、不同區塊的方式,讓裁判以相同的工作流程與數位平臺提供競賽服務。目前,國際技能組織測試後的結果,發現可行性與穩定度相當好,推薦於國際技能競賽的使用,並提供各會員國與成員參考使用。

參　考　書　目

Helgadottir, F. D. (2019). Computers and therapy. Retrieved from http://www.AItherapy.com/articles/computers-and-therapy

HPE中國（2018）。AI，你最好的朋友，你的心理治療師。擷取自https://kknews.cc/zh-tw/psychology/x365pyo.html

Luxton, D. D. (2014). Artificial Intelligence in Psychological Practice: Current and Future Applications and Implications. *Professional Psychology: Research and Practice In the public domain*, 45(5), 332-339.

WorldSkills International (2021). *Remote assessment in competitions and for work competence*. Amsterdam: Author.

丁文生（2001）。我國職業訓練的新模式與新趨勢。成人教育通訊，6，2-4。

林佳蓉（2008）。**ISD系統化教學設計與數位教材實務工作坊**。心理出版社。

林葳均、陳信宏（2019）。歐洲人工智慧發展：政策、產業、科研趨勢，**經濟前瞻**，186，82-86。

國家教育研究院（2000）。**教育大辭書**。文景書局有限公司。

教育部（2020）。**全國高級中等學校學生技藝競賽實施要點**。作者。

陳威凱（2016）。臺灣職業訓練探討──以德國為借鏡與比較。**科技與人力教育季刊**，**3**(2)，14-38。

勞動力發展署（2016a）。職能基準發展與應用推動計畫。作者。

勞動力發展署（2016b）。職能基準活用指引。作者。

勞動力發展署（2020a）。技能競賽的意義與功能。取自https://www.wdasec.gov.tw/cp.aspx

勞動力發展署（2020b）。職能基準介紹。取自https://www.wda.gov.tw/cp.aspx?n=587B06AA3B7E815B

勞動力發展署（2020c）。職能基準應用示範案例──和建資訊有限公司。

取自https://www.wda.gov.tw/cp.aspx?n=1B03BA6DD08418DE

勞動部（2017）。行政院及所屬各機關出國報告——參加第44屆國際技能競賽報告書。作者。

勞動部（2019）。**技能競賽實施及獎勵辦法**。作者。

勞動部（2020）。行政院及所屬各機關出國報告——參加第45屆國際技能競賽報告書。作者。

勞動部（2021）。**第51屆全國技能競賽簡章**。作者。

譚仰光（2015）。政府想推國際證照？請先搞懂「證」與「照」。技職3.0 Craftsmanship Insights——臺灣第一個技職平臺，擷取自https://www.tvet3.info/certificate-and-license/

第三章　臺灣產業人力資源發展

2019年底嚴重特殊傳染性肺炎（Corona virus disease 2019, COVID-19）肆虐全球人類健康，使得國際間人際流動大幅減緩，連帶也影響國際整體產業、金融、經濟、政治、社會、文化等全球化秩序。從疫情中可以發現哪一個區域、哪一個國家，由於國境的嚴謹管制、公共衛生教育的落實、尊重科學實證的數據、網路媒體較為發達與自由及產業轉型快速等因素，在整體的疫情中受傷較為輕微，甚或是產業復甦力較為快速。臺灣在這一波疫情的衝擊之下可以說是充分展現產業的硬實力，並且透過優質的人力資源系統，快速且有效地對應天然災害與疫病的衝擊。

臺灣自1970年代開始受到全球化經濟帶動，整體產業由勞力密集轉型為技術密集，進而到知識密集。在臺灣解除戒嚴後並政府政策的引導下，鬆綁產業資金流動，帶動國外資金進入國內市場，推升國內電子、石化、建築、精密機械等產業升級，並加速國內基本內需建設、交通建設、教育建設等。臺灣民間有將近七成的產業屬於中小企業型態，形成不同地區有不同類型的產業聚落，例如：臺中大肚山的精密機業廊帶、彰化縣鹿港、和美地區的鑄造與水龍頭產業聚落等，對於整體產業競爭力與社會穩定有深遠的影響。臺灣自2002年起加入世界貿易組織（World Trade Organization, WTO），更是面臨新一波的產業衝擊，但是為了能接軌國際市場，消除國際貿易壁壘，並加速國內產業升級，因此，也造成一波臺灣產業西進中國大陸與南進東南亞等區域，值此之際，臺灣進行了人力資源的盤整，在教育面向將原本的專科學校轉型為技術學院與科技大學，暢通教育的第二條國道，提升整體高等技職教育的位階，無奈也產生學歷通膨的現象，致使技職教育生存面臨到嚴峻的考驗。

臺灣拜優質且穩定教育之賜，有優質的人力資源，但根據國家發展委員會的調查報告，我國總人口已於2020年1月達到最高峰2,360萬人，未來將轉呈負成長，且在近年國人婚育狀況仍不理想的情況下，預估將提早於2025年進入超高齡社會（國家發展委員會，2020）。臺灣固無天然資源的基石，尤賴人力資源的品質提升，因此，如何提升生育率、強化育才攬才、高齡社會的福祉等將是未來人力資源的重大議題。產業如何因應此一人力資源的發展，加速人力資源的應用，政府以政策導引並輔導中小企

業的轉型，提升國內勞動力的薪資水準，擴大外商的設廠或投資，在兼顧環境保育的情況之下，發展無煙囪產業，減低碳排的產業汙染，朝向永續產業與地方深耕的延續等，攸關國內人力資源體質的調整。在技職教育面向，應朝向技術型高中、專科學校、科技校院畢業生都具有立即就業的能力，落實最後一哩路與學用合一，以能夠充分提供產業發展的優質技術人力為目標，使得產業界都信賴技職教育的培育品質，減低企業用人與培訓的成本，對於就學期間的求職媒合、每三至五年的系科調整、彈性與活化技職課程、促進業界走入校園、落實證能合一、培養跨域的才能等等，將對於臺灣產業人力資源的發展有關鍵性的影響。以下從技職教育面向的觀點，分析與評論有關產業人力需求分析、產業人力資源發展與國際人力資源發展，綜合國內外新近議題，提供建議。

第一節　產業人力需求分析

　　產業發展具有變化快速、多種類與多層次的知識及技術的特性，除了整體國家普通教育之外，技職教育占了非常重要的角色。尤其技職學校應當配合產業發展之外，提供優質的人力資源，並能夠切合產業所需的專精知識與技術服務，才能縮短學用落差，增進學生學習的自信心與就業率。技職體系教師需要有堅實產業實務經驗，強化接近的產業需求的教學並帶動務實致用的文化，尤其是要配合該區域發展的需求，提供教育、文化、創新活動等功能，使產業根植於地區。

壹、全球化經濟影響人力需求

　　臺灣產業受到全球化影響甚鉅，自2016年以來受到已開發國家（例如：美國、歐盟及日本等國）經濟動能牽引下，整體經濟成長力道持續增強。但自2018年以來，隨著中美貿易爭議持續僵持，以美國為主的國家紛紛受到連帶性影響，在歐洲方面英國脫歐尚未獲得妥善解決之下，全球經濟景氣逐漸降溫。而開發中國家（例如：中國大陸、東協等亞太地區），

受到全球投資力道暢旺，伴隨中國大陸經濟版圖的擴張等因素帶動之下，整體產業投資往上揚抬，但至2019年中開始，主要新興市場經濟由於受到地緣政治影響與主要國家貿易爭端不斷之下，產生緊張的發展態勢並拖累全球經濟發展。時至2020年，氣候變遷加劇經濟衰退力道，例如：美國加州野火蔓延、中南美洲加勒比海地區颶風侵襲、澳洲森林大火與非洲大地的持續乾旱等，同年全球又受到嚴重特殊傳染性肺炎（COVID-19）的影響，使得全球化經濟成長呈現停滯與衰退，因此，臺灣整體產業人力需求勢必因著全球經濟變動，需快速調整與適應。

貳、臺灣產業轉型人力需求

臺灣整體產業轉型是勢在必行的一條艱鉅道路，受到國人少子女化與生育率下降的影響，嚴重衝擊年金基礎，使得未來年輕人負擔加重，若不改善國內整體產業的體質，面對全球化經濟變動的不確定，將造成無法開源而僅做節流，使得經濟動能疲弱。臺灣產業人力應積極對準全球供應鏈生產模式，加速國內相關產業重組的進程，將核心與附加價值高的部分留在臺灣創新、設計與生產。在資通訊（ICT）方面以5G為核心之建設，應加速整體5G基礎建設的開展，使得相關零組件廠商能夠跟上5G網絡的布建，為物聯網（IOT）、人工智慧（AI）等工業製程與商業運用奠定厚實基礎，使得民間投資得以持續擴大，並擴大外資流入國內各項產業投資，促使人力素質升級。

參、技術與職業教育人力資源供給

我國教育部自2009年起推動「技職教育再造方案」，以務實致用為教育核心，加強改善技術及職業教育系統的教學與學習環境，並配合2019年起實施十二年國民基本教育，以自發、互動、共好為願景，導引高等技職教育發展典範科大計畫，配合產業需求並整合從國中端、高中端、大學端等教育體制的上、下游資源，全面建立培養技職人才與產官學研的創新機

制，邁向務實致用、產學人才培育為主的發展方向。

教育部為實際解決產業缺工，並同步改善技術型高中學生以升學為導向的風氣，自2006年起，提出「產學攜手合作計畫」，結合技術型高中、五年制專科學校與科技校院之進修管道與產業界實務合作，以培育符合產業需求之技術人才為目標，以兼顧學生「就學」與「就業」為根本之技術教育模式，結合證照制度、建教合作制度與技術實習合作之平臺，讓學生最後一哩路能與產業直接對接，減低畢業即失業的窘況，更能改善學非所用的長期積病。

一、產業界及技職校院合作廠商的人才需求

我國行政院關於產業空缺之調查，在2017年全國產業空缺有將近23.3萬人，其中製造業有空缺數有8.8萬人，服務業有6萬人；製造業以機械設備操作及組裝人員為主，服務業以服務及銷售工作人員為主（行政院，2017）。究其成因主要有三點：

（一）勞動力供給不足

政府對於就業媒合與勞動力開發為改善方向，並以跨部會協調機制，盤點產業重大投資案與相關上、中、下游產業之人力需求，建立人力供需平臺，媒合與調控產業人力；以獎勵產業與勞工之跨域就業，完善工作與家庭兼顧政策，獎勵產業提供托育措施、開發兼職型（工作輪替、部分工時、彈性工時）就業機會等；定時盤點產業缺工類型、數量、區域，作為教育單位設科（系）、調整科（系）之重要參考。

（二）工作條件不具吸引力

產業升級一直是我國經濟轉型的重要目標，如何透過轉型產生人才加值，而非產生更多失業現象，廠商導入自動化或智慧製造與管理，應以創造更多利潤與附加價值為目標，而提升工作職場的薪資水準，薪資加值乃是企業的社會責任之一。對於基礎、骯髒、勞苦、危險的產業工作環境，政府應該介入協助改善產業之工作條件，廠商能夠改善製程與工作環境將更有利教育單位的人才培育與產學攜手計畫的推動。

（三）學用落差與技能不符

　　學用落差一直為產業所詬病，也是國家競爭力之耗損，因此，應當擴大辦理高中職建教合作教育、高中職學生赴業界實習，積極辦理契合式人才培育計畫，以專案與合約方式，直接培育產業所需要的專業技術人才，並應提升其於各該產業的留用率，對於社會人士應當直接對應產業與廠商所需人才，以補助廠商實地訓練為職業訓練之導向，大幅減低廠商人力訓練之成本，也能使得人力與人才能夠直接上線工作，大幅減低學非所用之現象。

二、技職學生的人才培育與人才供給

　　自2006年行政院發布「產業人力發展套案」，針對教育學用落差、創新人力研發資源缺口等問題，整合推動建立供需調查整合機制、發展重點產業職能培訓、擴大產業專班培育計畫、啟動產業人力扎根計畫、活化高等教育學制彈性、重新建構技職教育體系、積極提升教育之國際化、加值產學（研）合作連結創新及競逐延攬國際專業人才等9項計畫，讓政府相關部會更加重視產業發展需以人才為後盾的重要性，也呼籲大專校院從系所調整、招生名額管控、教師專業、教學實習、證照考試、就業輔導、創新研發等教育歷程，務須緊密地與產業合作，共同培育業界所需人才，再創臺灣的經濟奇蹟與產業競爭優勢（張國保，2011）。

（一）技職人才培育

1. 中等技職教育─群科體制

　　立法院於2013年6月27日三讀通過《高級中等教育法》，將高級中等學校分為：普通型、技術型、綜合型與單科型四類，故職業學校類型統稱更改為「技術型高級中等學校」，落實職業教育務實致用之精神（教育部，2013a）。林騰蛟（1995）指出我國在1974年的課程模式是「單位行業訓練」模式，以培養熟練的基層工作者為主的課程模式；1986年重工業興起，需要能力技術更精進、更廣博的工作者，課程模式乃以「職業群集」模式方向發展。1997年臺灣電子業起飛，教改風起雲湧，高職升學技專院校開始暢旺，課程模式朝向「多元統整」發展，除提升學生進修四技

二專的能力，也依技能檢定要求設計課程。陳金進（2006）指出2006年實施的「95課程暫行綱要」是變動最大的一次，給予學校與教師約50%自主彈性，並首次出現「專題製作」課程，新課程以「學群」為設計之單位，將現有近百類科統整為17個學群。2006課綱的課程設計，於2010學年正式實施，是為「99課綱」，如將學群減併為15群，希發揮學校本位特色，進一步培養學生結合理論與實作的能力，充分發揮技職教育「務實致用」的精神。

2. 中等技職教育－建教合作與產學體制

　　立法院於2012年12月14日通過《高級中等學校建教合作實施及建教生權益保障法》（簡稱《建教生權益保障法》）。因為《勞動基準法》（簡稱《勞基法》）對童工的定義為16歲以下，高職一年級生多為15歲，其工讀有違法之虞。多數合作廠商對建教合作還需繳交保證金，違反規定除了罰款之外，還會被公告周知，均表無奈，也降低了合作的意願。懲處的對象也包括學校，學校若違反規定，現在依法也須繳納罰款。如果一年級生不得輪調，等於間接宣布輪調式建教合作的終止，教育部「第一、二期技職教育再造方案」都有著重高中職建教合作與實習的策略，高職階段的建教合作如何發展，值得重視（張國保、李寶琳，2013）。

　　高中職實施建教合作的方式有多種類型，目前較常實施的有輪調式、階梯式與實習式的建教合作方式。輪調式建教合作班一直以來是高職參加人數最多的建教合作方式，學生三個月在校上課，三個月在機構實施建教合作教育。目前辦理約有15個科別（機械科、模具科、電機科、機電科、電子科、商業經營科、時尚造型科、汽車修護科、美容科、資訊科、資料處理科、餐飲管理科、觀光事業科、流通管理科、電影電視科），目前辦理輪調式建教合作人數最多的科別依序是餐飲管理科、資訊科、美容科、汽車修護科，人數最少的科別是模具科。

3. 高等技職教育

　　在高等技職教育方面，學制的類型有二年制專科、五年制專科、二年制技術學院，與四年制技術學院或科技大學，並可區分為日間部、進修部（夜間部）、回流教育在職專班、進修學院、空中學校等多種體制（周燦

德、林騰蛟，2004）。107學年大專校院學生數（不含附設進修學校）計124.5萬人，續較上學年之127.4萬人減少2.9萬人（或－2.3%），10年來計減少9.2萬人（6.9%）；依體系別觀察，一般大學vs.技專校院學生數各為65.0 vs. 59.4萬人，學生比約為52：48，相較於10年前之51：49略有偏移（教育部，2018a）。顯見，高等教育技職教育學生流失比一般大學快速。

　　高等技職教育產學合作人才培育模式，第一，「產學攜手合作計畫」，其目標為兼顧學生就學就業，發揚技職教育「做中學、學中做」實務特色，其策略有3合1（高職＋技專＋廠商）方式，發展3+2、3+2+2、3+4或5+2之縱向學制，並強調與產業間的橫向連結關係。第二，「產業研發碩士計畫」，其目標為填補產業發展所需人力缺口，有效支援國內科技產業投入研發創新，提升國內科技產業競爭力，其策略為邀集合作企業共同規劃課程，作為強化產學合作基礎，並由業界以訂單式提供需求名額及獎助學金。第三，「最後一哩學程計畫」，其目標是強化學生在學最後1年至2年綜合（再學習）、跨領域創新及實務經驗。其策略有二：(1)學生畢業前1年開設，縮短產業界晉用新進人員教育時程與成本；(2)自2008年度起由教育部與勞委會（現為勞動部）合作，依勞委會評鑑結果，擇優予以獎助（教育部，2013b）。

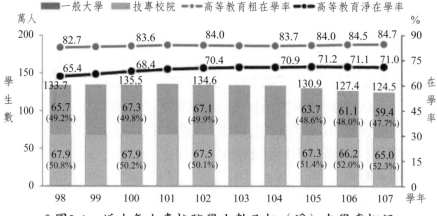

✿圖3-1　近十年大專校院學生數及粗（淨）在學率概況

資料來源：教育部（2018a），教育統計簡訊（第104號）。

（二）技職人才供給

　　技職人才供給，即是面對市場需求，但就業市場變動快速，新型創新產業如雨後春筍，傳統基礎產業缺工嚴重等等就業市場問題，技職教育卻無法及時追趕並有效供給人力需求。許勝雄（2013）指出，供需失調已到了「人找不到工作，工作也找不到人」的地步。在技職教育體制方面，近二十年來專科學校從70所減至個位數，大學由132所增加爲165所，普通型高中與技術型高中就學人數比，由34：66轉變爲52：48，技術型高中與專科大都不再是終結教育，企業徵才只好跟著調高學歷。目前多數的大學、專科以上人力，不願屈就基層的工作，工作機會與人才培育無法契合，造成人才供需失調益形嚴重。

　　目前技職校院在教育部、勞動部與經濟部的跨部會整合之下，力拚實作場域，以類產線基地培育硬實力人才。配合政府重點產業人才培育政策推動「優化技職校院實作環境計畫」，以培育5+2產業人才爲計畫的重要目標，打造接近業界標準的類產線基地及實作環境，購置符合業界需求的教學設備，一方面作爲校內師生與產業接軌的實作訓練場域，另一方面亦可作爲企業員工進修的訓練場，發揮提升人才實作能力的實質功能。截至2020年底已陸續協助73校建置136座實作場域，已完成的有44案，包括於校內複製業界工作現場、提高實作課程比率逾5成、強化與業界接軌訓練、串連鄰近學校資源建立跨校合作模式，共計培育學生7.8萬人次，協助區域產業員工代訓2.4萬人次（經濟部，2021a）。

　　目前以經濟部、勞動部、科技部、僑委會與教育部合作整合之產學培育人才供給的方案有以下19項方案計畫：建教合作班、就業導向課程專班、產學攜手合作計畫、產學訓合作訓練計畫、雙軌訓練旗艦計畫、五專畢業生投入職場展翅計畫、產業學院計畫—產業實務人才培育專班、金屬機電智機化暨人才扎根、補助學生赴新興市場企業實習計畫、科學工業園區人才培育補助計畫、產業碩士專班計畫、鼓勵企業參與培育博士研究生試辦計畫、產學合作培育博士級研發人才計畫（研發菁英計畫）、DIGI+Talent跨域數位人才加速躍升計畫、外國學生產學合作專班（新南向人才培育計畫）、3+4僑生技職專班、補助大專校院辦理就業學程計畫、

智慧製造產業創新提升人才培育計畫、海外青年技術訓練班（海青班）
（經濟部，2021b）。

三、技職校院的產學合作與務實致用

（一）教育部推動的產學合作計畫

　　教育部自99學年度起補助科技大學研發與試辦工程類科之實務課程，
並自101學年度起納入各校相關計畫推動辦理，另鼓勵大學校院辦理學士
後第二專長學士學位學程（簡稱為4+，four plus），藉以培養學生第二專
長及提供跨領域學習機會，強化其職場就業能力。此外，為提供業界所
需人才，縮短學用落差，教育部積極規劃推動6種產學專班與學程，透過
「產」、「學」密切的互動，鼓勵學校與業界共同合作，以「做中學、學
中做」的方式培育務實致用的人才。

✿表3-1　產學合作專班／學程相關計畫

學級	經濟部	教育部	勞動部	科技部
高中職		・產學攜手合作計畫 ・建教合作班 ・就業導向課程專班	・產學訓合作訓練計畫—高中職＋四技（3+4） ・雙軌訓練旗艦計畫	
大專校院	・金屬機電智機化暨人才扎根計畫	・產學攜手合作計畫 ・產業學院計畫	・產學訓合作訓練計畫—四技模式（1+3） ・雙軌訓練旗艦計畫	・科學工業園區人才培育補助計畫
研究所	・金屬機電智機化暨人才扎根計畫	・產業碩士專班計畫 ・產學合作培育博士級研發人才計畫 ・產業學院計畫	・產學訓合作訓練計畫（1+1）	・科學工業園區人才培育補助計畫 ・鼓勵企業參與培育博士研究生試辦方案

資料來源：經濟部（2021c），產業人才發展資訊網。

（二）科技部推動的產學合作計畫

　　科技部為落實學術界先導性與實用性技術及知識應用研究，整合運用研發資源，發揮大專校院及學術研究機構研發能量，結合民間企業需求，並鼓勵企業積極參與學術界應用研究，培植企業研發潛力與人才，增進產品附加價值及管理服務績效（科技部，2021a）。該計畫主要內涵有國際產學聯盟、產學合作計畫、企業參與培育博士研究生試辦方案、科技部研究計畫產學加值鼓勵方案、產學大聯盟、產學小聯盟、產業升級創新平臺輔導計畫等。

　　以國立臺灣科技大學國際產學聯盟為例，重點領域在永續能源、智慧製造、電信5G，成立「臺科大國際產學推動辦公室」（Taiwan Tech GloRIA），整合校內研發能量與行政推廣資源，推動國際產學合作。以企業會員制度，媒合產學技術研發及人才培育需求，落實本校產業導向的學研方針，協助企業深化前瞻技術優勢，拓展海外市場，培育具全球競爭力的科技管理人才（科技部，2021b）。主要的會員服務有：

1. 人才培育：客製化教育訓練以培育公司儲備幹部、媒合優秀學生以滿足企業關鍵需求、規劃專屬工作坊／培訓課程／技術論壇／研討會。
2. 技術轉移：整合校內團隊服務，並持續投入技術資源、串接學校多元技術支援客戶產業目標。
3. 產學研發：開發前瞻技術以提升企業競爭力、導入本校優勢人才以擴大合作成果。
4. 其他資源服務：會員諮詢服務、國際智財行銷、軟硬體資源使用，包括空間場域、儀器設備、人才培訓等。

（三）經濟部推動的產學合作計畫

　　經濟部主導之「產學合作培育」是以在學學生為對象，透過產業界與學校的合作，以上課、實習、專題等方式，強化青年人才的技術與實務能力，以符合產業發展及青年就業之所需。企業可從中發掘合適的人才，學生亦可提早對職場及就業環境有所認知，加強自我職能，進而做出適當的職涯選擇。在不同的產業環境下，以及企業經營的不同階段，對於人才

Taiwan Tech GloRIA會員服務說明

⚙圖3-2　臺科大國際產學推動辦公室（Taiwan Tech GloRIA）

資料來源：科技部（2021b），科研產業化平臺。

的需求亦各有不同，產學合作培育所要達到的目標和合作重點也有所不同（經濟部，2021c）。

1. 創業期：公司正值開創與衝刺的創業初期，實習生充滿熱忱、衝勁與不受拘束的創意，可適時成為企業的即戰力。

2. 成長期：處在核心業務擴張時期的企業，正需要儲備大量人才，可靈活運用實習生與短中期的人才培育專班／學程，以縮短新人上手的磨合期。

3. 升級轉型期：當公司業務欲升級轉型，或進一步發展創新事業的時期，亟待引進跨領域人才、技術，和不被既有知識與框架限制的創新觀點。

企業可透過與學校合作開設跨領域學程、產學合作共同研發、高階／研發人才延攬、在職員工培訓、海外（僑外生／高階白領）攬才等等的多元人才提升與進用管道，擘畫企業的人才藍圖（經濟部，2021c）。

肆、小結

　　產業人力需求分析，除了從產業界需求來看人力需求之外，也應該從技職體系的整體發展來討論，技術型高中或技專校院不論是產出初出社會的新鮮人，也應加深、加廣與產業界的鏈結，提供回流教育，帶動產業的發展，並活絡人力資源的流動，因此，現行作法有如下情形：（一）辦理學士後第二專長學士學位學程；（二）推動各項產學專班；（三）建教生權益保障法公布施行；（四）促進產業與學界人才流通；（五）推展校外實習；（六）強化產學合作；（七）推動產業工（公）會與學校交流。並從以下三個向度來積極推動，使得學校教育能夠更精準對應產業人力需求。

一、產業端

（一）透過有計畫的合作培育，取得人才，有效彌補產業缺工。
（二）有計畫且長期培養產業人才，且有助於產業人才的穩定。
（三）建置產業與學校緊密之教學實習合作平臺，業界提供實習場所及專業技術教師。

二、學校端

（一）提供技職體系彈性銜接學制，配合推動十二年國民基本教育。
（二）建立技職學校務實致用的教育特色。
（三）促進產學合作與交流，提供教師至業界參與實務與見習機會。

三、學生端

（一）以就近入學方式，兼顧就學與就業的需求。
（二）學習內容結合理論與實務，並增強務實致用的技術與服務能力。
（三）協助經濟弱勢家庭子女安心就學，保障家庭收入，促進社會流動。

第二節　產業人力資源發展

　　根據國家發展委員會於2020年公告臺灣六大核心戰略產業推動方案，主要為資訊及數位、資安卓越、臺灣精準健康、綠電及再生能源、國防及戰略、民生及戰備等六大產業（國發會，2021）。此六大核心戰略係建構在5+2產業創新、AI、5G等面向上，主要內容為亞洲‧矽谷、智慧機械、生醫、國防、綠能、新農業、循環經濟、AI、5G與資安。由於不同產業所處之環境不同，因此，產業人力資源發展需要政府協助企業發展出適合其體質之策略，這些策略可以對準組織的管理文化、人力資源因素的運用、人力資源政策之作業與推動，以及合理的員工態度與行為。如圖3-3。

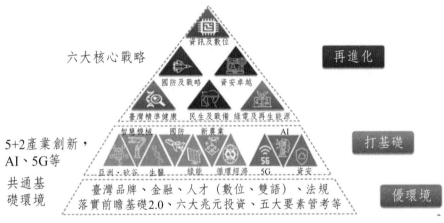

✿圖3-3　臺灣產業戰略布局

資料來源：國發會（2021），六大核心戰略產業。

壹、重點產業人力調查與推估

　　產業人力資源發展關鍵在於人才是否符合或滿足產業所需人才，針對我國重點產業人才供需的調查與推估，經濟部工業局依據產業創新條例第17條，對於我國具高附加價值或生產力之中高階專業人才，進行3年內的

人才需求推估，作為產業人才發展策略之準據，便於在適當的時機投入國家資源，以快速因應產業人才需求並能掌握產業未來需求之人才樣貌。其主要調查的產業面向有智慧機械產業、航空產業、造船產業、離岸風力發電產業、綠色創新材料產業、保健營養食品產業、太陽光電產業、IC設計產業、通訊產業、人工智慧服務產業、數位印刷產業、資料服務產業等12項。以下舉智慧機械產業、航空產業、造船產業、離岸風力發電產業等4項產業簡要說明。

一、智慧機械產業

我國智慧機械應用主要有智慧零組件、單機智慧化、整線智慧化、整廠智慧化等4個面向為主。需求能力面向有機械設計、電控設計、機電整合、物聯網應用、軟體人機介面、智慧化生產、整合性專業人才需求將增加。因此，2020至2022年需求增加之專業人才包括：機械設計工程師、電控設計工程師、機電整合工程師、軟體人機介面工程師、智慧化生產工程師、物聯網應用工程師等6項（經濟部工業局，2021a）。

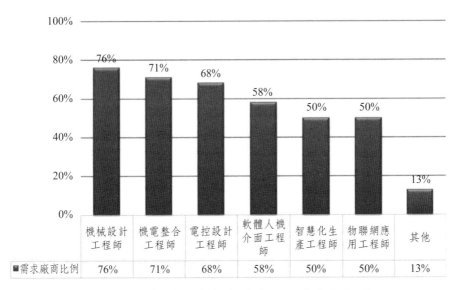

	機械設計工程師	機電整合工程師	電控設計工程師	軟體人機介面工程師	智慧化生產工程師	物聯網應用工程師	其他
■需求廠商比例	76%	71%	68%	58%	50%	50%	13%

⚙ 圖3-4　智慧機械產業關鍵人才需求分布圖

資料來源：經濟部工業局（2021a），2020-2022智慧機械產業專業人才需求推估調查。

　　未來三年由於智慧機械產業在跨領域、整合性專業人才之需求增加，政府以政策引導，技職教育與高等教育透過產學合作，對應產業需求培育從學校端來擴大人才供給數量；另一方面由勞動部、經濟部以政策引導企業進行強化新進員工養成及中高階在職訓練，補足所需之跨領域專業技能；同時開放延攬國外人才，期能滿足業者所需。

二、航空產業

　　我國航空產業主要有運輸產業、整機產業、系統／零組件製造產業、航空維修產業等4個面向為主。需求能力面向有電腦輔助設計與分析、製程設計與分析、2D/3D電腦繪圖、CNC控制系統、檢查與修護、品管與品保、航太認證、專利／專案管理、庫存／供應商管理、結構學、材料學、英／日語能力等專業人才需求將增加。因此，2020至2022年需求增加之專業人才包括：研發工程師、製程工程師、品保工程師、專案管理工程師、行銷業務人員、採購工程師、維修工程師、線上技術人員等8項（經濟部工業局，2021b）。

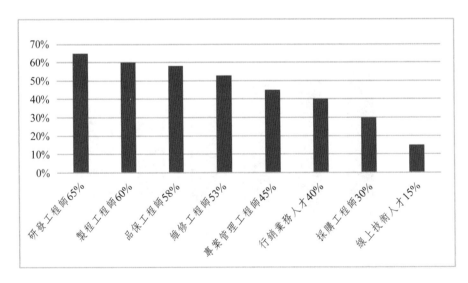

✿圖3-5　航空產業關鍵人才需求分布圖

資料來源：經濟部工業局（2021b），2020-2022航空產業專業人才需求推估調查。

　　未來三年，因航空產業訂單的特性是數量少、單價高，並且需要考量成品之品質、出口關稅、彈性交貨、研發等成本考量，是航空系統／零組件的關鍵競爭力，因此，政府除了要協助航空產業開拓市場並針對全球供應鏈提供產業需要訊息，尤其在智慧製造的大數據部分，仍需產、官、學、研、訓的通力合作，適足性地提供國內航空產業的人力需求。

三、造船產業

　　我國造船產業現況可分為設計（構想設計、細部施工設計等）、裝備與系統（輪機系統、電機系統、艤裝系統）、組裝與建造（除鏽、焊接、組合、塗料）、驗證（船段檢驗、裝備系統測試、電子控制測試、裝備認證）四個次領域。目前政策走向配合國艦國造政策推動，建置國防船艦產業專業人才；配合離岸風電產業政策推動，建置離岸風場海事工程船舶設計及運維等專業人才能量；電力驅動船舶成趨勢，機電廠商須搭配船舶及遊艇製造商提升電力驅動整合能力；自駕船舶逐步實現，遠程遙控、自主航行、自動靠泊等新功能則為應用的關鍵技術（經濟部工業局，2021c）。

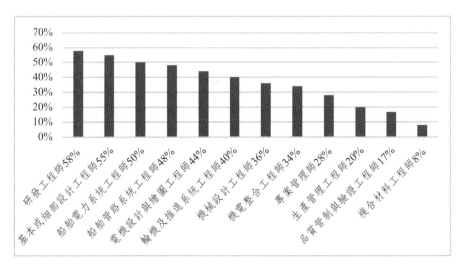

✿圖3-6　造船產業關鍵人才需求分布圖

資料來源：經濟部工業局（2021c），2020-2022造船產業專業人才需求推估調查。

　　造船產業主要以設計、裝備與系統、組裝與建造為核心，也與國防工業有密切相關，2019年造船業產值高達新臺幣648.1億元，就業人口將近25,000人，若人均產值以3%成長，預估到2020年的產值可達新臺幣670億元，就業人口將新增1千人，因此，政府除了政策引導之外，更可透過職訓中心積極培訓造船產業人力資源，以彌補目前人力的缺口。

四、離岸風力發電產業

　　臺灣目前推動再生能源、綠色能源為方向的能源政策，在離岸風電產業發展項目主要有三類：離岸風電製造業（風力發電機組、水下基礎、電力設施）、離岸風電服務業（風力發電機組安裝／運維）、離岸風電發電業。關於風力發電機組零組件將朝向複合材料、機電產品、金屬加工件的生產，而帶動相關產業的發展；並且鼓勵電力設施廠商投入變壓器、開關設備、配電盤的生產，也能提升就業人口。需求能力面向有自控系統程序能力、電機系統整合控制、系統及安裝施工能力、機臺自動控制功能操作、英語溝通能力等等（經濟部工業局，2021d）。

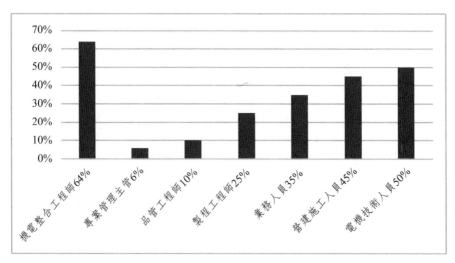

🌸圖3-7　離岸風力發電產業關鍵人才需求分布圖

資料來源：經濟部工業局（2021d），2020-2022離岸風力發電產業專業人才需求推估調查。

　　離岸風力發電產業在海事工程方面也是發展的關鍵之一，目前已有廠商成立離岸風電海事工程產業聯盟（Marine-Team），政府也將整合產、官、學、研、訓等單位，積極奠定安裝／運維廠商的人力基礎，也可以刺激機電整合工程師、營建施工人員、電機技術人員、專案管理主管、業務人員之人才需求。

貳、產業人力資源發展困境

　　勞動市場的轉變快速發生，新技術與新趨勢一直在改變勞動世界，因為醫藥衛生的發達而人類壽命的延長，使得退休與年金有重大的變化，伴隨社會和環境的壓力愈來愈大，工時不斷被延長，跨時區的工作也成為趨勢，而自由工作者的零工經濟（gig economy）也不斷蓬勃發展，對企業及自由工作者來說是一個雙贏的情況，但也影響整體勞動力的變化。因此，資誠（2018）在《2018未來勞動力調查報告》提出企業十大「處於風險」的人力資源功能：(1)數據驅動勞動力決策；(2)數據監測職能缺口；(3)以數據分析減少偏見；(4)熟稔高科技發展的人資；(5)靈活敏捷人才資源；(6)可管理的工作量；(7)進階的勞動力規劃；(8)多元職涯路徑；(9)人才發展機制；(10)良好工作空間。

　　人力資源發展的困境可以透過大數據和進階分析的洞察進行勞動力決策，善用數據分析來預測與監測員工的職能缺口（skills gap），並去除徵聘人才與獎酬的偏態。不但如此，整體產業的人力資源應對準科技發展前景，以洞察力與敏覺力，找到適足性與靈敏的人才，落實員工休假制度，並滿足員工不同的休假規劃需求，改善企業的工作環境以促進員工身心健康與發展。依據Deloitte全球在《第四次工業革命全球領導力調查》報告（*Leadership in the Fourth Industrial Revolution*）提到人力資源發展突破困境要能從員工投入移轉到員工體驗，競逐數位化的人力資源，人力分析成為組織結構的功能，零工經濟重新定義工作職場等。因此，未來勞動力的面貌會朝向發展組織領導力，整合資源善用替代性勞動力，並設計超級工作模式，可為目前勞動力困境找出一條出路。

一、困境從轉型開始

　　由於科技的進步，物流業的暢旺，取而代之是整體產業缺工、缺技術人力、缺整合性人才、缺高階經理人、缺研發人員等，這是呈現兩極化的發展。中低層次的勞力與技能工作，缺口很大，大量的人力跑到零工就業型態；中高階的整合人才、高階經理人、研發人才等，需要長時間的培養，而教育體系也未能對接產業需求，培養適足性的人才，這些困境急需要轉型。若能從制式化到客製化的人力資源發展，產業應該針對不同員工需求，做出不同的對策與反應，解決實務作法和策略連結性不高的問題；解決教育資源投入不高，而且失去主軸系統性的問題；解決產業與公司治理著墨過多於流程表單，鮮少投入解決問題背後的問題。因此，透過合約制、自由工作者和零工就業型態即所謂的「替代性勞動力」，可以提供全職工作以外的選擇，而此股勞動力主流，最為人所詬病是勞、健保的保障，以及公司文化的參與、公司派遣困難度等問題，上述困境，並不會因此消失，透過大數據分析、人性化管理、健全保障制度、明確公司領導文化等著手，這樣的「替代性」勞動力，將成為未來數年間人力資源發展的關鍵。

二、工作導入AI科技

　　由於自動化工作流程，以及IOT的發達，應用AI、機器人逐漸成為主流，許多領域的工作模式將出現劃時代的轉變，由於更仰賴網路與數據，使得人際之間的溝通將著重在解決問題、雙向溝通、內容解析和工作設計，多數例行性、重複性高的工作內容逐漸由科技取代，許多工作將朝向整合性、跨域式、斜槓式的方向，而且迅速轉變為「超級工作」（superjobs），這樣的超級工作內涵包含：機器人技術、認知科技和AI、無人機、製造業用機器人、機器人流程自動化、理解語言的機器、識別能力的機器學習、深度學習技術、類神經網絡技術。

　　工作的演變，從標準工作演變至混合式工作轉變至超級工作，傳統式的工作思維已經不能滿足快速的工作型態，例如：一位模具設計工程師，

不能夠只專注在模具設計，更需要關注美學、人體工學、顧客需求、工程介面、材料等等，而這方面的需求可透過結合科技和軟實力技術的技能組合來執行工作，亦可以透過科技的運用來強化和擴大工作範疇，使其內涵牽涉有系統、更複雜的領域、科技和人際能力間的結合。

三、工作從高體會轉型為高感性

　　高體會的工作主要著重在員工對於職務的責任，其內涵在於給予員工適度的自主決策權、擁有科技和工具應用的能力、相關資料與資訊取用的便利性等，由於伴隨員工體驗而生的挑戰，可能會產生工作與生活的疏離。高感性的工作內涵主要著重在工作適配度、工作設計及業務對組織全體員工的意義何在，組織更應超越以福利、獎酬制度或支援系統為出發點的思維模式，轉而賦予工作意義，並且讓員工從工作中找到歸屬感、信任感，以及人與人之間的聯繫。

參、產業人力資源發展策略

　　產業人力資源發展策略，在不同國家、不同區域、不同階段等，其採取的策略有所不同，但主要方向仍在於員工的學習活動與職涯發展的結合，其中具體的作法有教育、訓練與發展，最終能夠增強並拓展人力的品質，達成產業的永續發展。

一、產業人力教育

　　產業人力教育係針對員工對於將擔任的職務或特定的工作為目的所準備的中長期學習課程。主要在於培育員工在所處職務與工作的知識、技能與態度上的學習，藉以銜接產業工作職能，提升員工的工作效能，並能在未來職務轉換時，具有一定的能力基礎，達成對於產業的貢獻。由於人力教育牽涉的層面不僅僅是工作的學習，還牽涉到員工生活各層面的教導，透過一系列的課程讓員工能夠有系統性地了解工作內容，並在學習的過程當中養成團隊合作的工作態度，並確知該產業或組織的使命與承諾，

因此，產業人力教育的目標屬於長期導向，但囿於員工未來可能離職至其他工作場域，可能就會造成教育投資的損失，因此，就單一組織或企業來說，投資人力教育，所攤提的經營成本比起短期的人力訓練大。多數組織或企業往往望之卻步，目前所採行的策略與方式大都與學校產學合作，或者公營事業機構較能投入教育成本，進行產業的人力教育。

二、產業人力訓練

產業人力訓練係以改進目前員工工作效能為目標的短期學習與活動。工作崗位當有新的工作分派或改善工作內容，採取短期有計畫性、有系統性的指引與研討，提升員工工作轉換能力並增進工作效能，不同屬性的工作，有不同的訓練模式，其特質為工作知能為主，即學即用為原則，因此，訓練目標較具體、面向較少，以期在短期之內能收致成效。訓練模式有研討會、實作操作、工作手冊研讀、工作簡報演練、移地訓練、週間或週末訓練等。

三、產業人力發展

產業人力發展係以對於員工未來發展進行訓練的活動，具有儲備性質的概念，多數在較具規模的企業或組織為之。發展常常與成長兩個詞彙共用，因此，不見得為特定工作內容所安排的訓練，較強調對於組織整體發展、技術發展與適應市場等面向進行培訓，並兼重個人的生涯發展為參考，亦可作為升遷、平調時的考量。然而組織的發展也牽動人力發展的規劃，因此，組織與企業需以整體發展為取向，進行短、中、長期的人力投資計畫，方能有人力發展的途徑達成員工潛能開發與成長，為組織與企業育才、留才的重要目標。

2021年臺灣邁入5G寬頻時代，目前全球有將近100個國家300間電信公司投入5G的基礎建設，5G的特性主要是具有大頻寬，因此，在同步視訊、串流影音、擴增實境（AR）、虛擬實境（VR）可以更快速發展，這樣的數位科技應用將在物聯網、遠距醫療、遠距會議等等有大幅度的進

展，也會帶來新時代的產業人力資源發展的新模式。因此，有關產業人力資源發展策略有以下的變化。

一、人力資源需求導向數位科技能力

不同的產業所處的環境不一，對於人力資源的需求也大不相同，由於工商企業對於競爭的經營策略主要建構在組織本身的條件與人力資源的配置之外，最主要對應到數位科技能力方面已成爲不可避免的挑戰。因此，數位科技能力包含以下方面：

1. 具備IOT技術觀念、數位溝通、數位媒體、運用IT軟體與系統的技術能力。
2. 因應數位時代的複雜性與不確定性，需有敏捷思考的能力。
3. 由於橫跨多個領域、產業的跨界合作與共創模式，需要有理解溝通能力。
4. 因爲國際化的交流與外籍員工加入，需有良好外語能力、適應多國文化的能力。

二、AI人工智慧的人力資源發展策略

人力需求是否會因爲導入AI人工智慧而減少人力或工作消失，這一直是爭論的議題。目前只能提出一些規則與條件，提供產業參考。例如：工作性質具有例行性、有規則性的特質等，有可能被AI取代性較高。目前工作內容與AI科技的融合上，更強調的是人機協作的概念，進而提升工作效率與精準度，對於工作時間短與工作複雜性高，則偏向應變性、創造性、複雜性或需要有人性溫度的能力等，則不易被AI取代，例如：餐飲VIP服務、文學創作、藝術創作、研究服務等。

三、數位科技時代的人力資源培育與調度

企業端的人力資源培育與調度主要配合公司的發展與需求，以經營至上與永續的觀點進行整體性的思維，最主要讓適合的人，放置在合適的位置，發揮最大的效能。在人力調度上更應該關注員工的獨特性與永久性，

每一位員工的優點就是他成長空間最大的地方，搭配職位上的學習與檢討，員工能覺察自身的優點與長處。在數位科技的輔助之下，透過數據的分析，更能夠將「合適」員工放置在合適的職位，彌補過去只用管理者的思維進行人員的配置，可能造成無效率的培育與調度的情形。

四、以系統觀對應科技快速變化人力資源策略

新興科技與技術推陳出新，若仍以「人才管理」的思維進行恐無法對應快速變化的產業系統，可透過「多元培育」、「科技培育」、「在地培育」三種思維，透過推動終身學習的企業文化，加入企業社會責任制度，連接技術型高中契合式培育，對接大學的產學合作，調整以「人」和「資源」爲核心的心智圖結構，透過數位科的輔助，強調數據化、科學化的人力資源發展技術，來協助員工尋找弱點，幫助員工減少弱點所造成的損害，避開弱點而發揮眞正的優勢，進而以長期留才與終身學習思維，來因應短期科技的劇烈變化。

第三節　國際人力資源發展

聯合國（United Nations）於2014年提出永續發展目標（Sustainable Development Goals, SDGs），其中包含17項目標（Goals）及169項細項目標（Targets），期許在2030年之前，全球能達到下列17項目標。目標一、終結貧窮。目標二、消除飢餓。目標三、健康與福祉。目標四、優質教育。目標五、性別平權。目標六、淨水及衛生。目標七、可負擔的潔淨能源。目標八、合適的工作及經濟成長。目標九、工業化、創新及基礎建設。目標十、減少不平等。目標十一、永續城鄉。目標十二、責任消費及生產。目標十三、氣候行動。目標十四、保育海洋生態。目標十五、保育陸域生態。目標十六、和平、正義及健全制度。目標十七、多元夥伴關係（United Nations, 2015）。

國際人力資源發展（International Human Resources Development）如何能夠對焦於聯合國的永續發展目標，是人力資源發展的重點，其中，有

關婦女公平權利、就業與同工同酬、勞動人權、不歧視政策、社會參與、減少各型式貪汙賄賂及勞動安全等細項，更是人力資源永續的基本條件之一。國際勞工組織（International Labour Organization, ILO）於2017年報告顯示，在科技持續進步與網路互通有無的潮流下，各國將面對工業自動化所帶來的不同程度風險。另外，在全球供應鏈之發展及跨國境移動下，以數位經濟與自動化鏈結各企業，因而提高對於技術轉型及勞動技能之需求。因此，各國需要提升社會包容性，藉由生涯發展、終身學習、線上學習等，提升就業力、創新創業力、扶助社會弱勢，確保經濟發展的同時能兼顧人力資源的公平、永續、交流等面向，強化區域內人才連結並發展新興產業。

壹、整合性人力規劃

以永續發展為目標，透過人工智能與大數據分析，在確保個人資訊保護的前提之下，擴大人力市場的彈性運用，減少人力流動的障礙，鬆綁勞動法規，回歸人才能力發展的面向，將長期性與短期性的人力市場供需，透過整合性人力規劃平臺揭露公開、透明的資訊，並主動提供員工、求職者、區域性、跨境性的人才運用資訊。以人力資源規劃（Human Resource Planning）進行供需預測及整合模式，其中，供需預測包括趨勢或比例預估、決定論、回歸法、時間序列、Delphi法、經濟計量模式、替代圖、Markov模式、補充模式；整合模式則包括主管估計、經驗法則、目標方程式、類神經模型、動態方程式及模擬模式。人力資源規劃可用的不同推估方式很多，然而，主要仍環繞在「時間序列」及「薪酬設計」兩項變因上。總之，能找出專業人士與個別企業的人力需求，進行人力資源的甄選、訓練、發展等，應是人力規劃永續發展的重要目標與方向。

貳、終身學習及終身就業制度

　　面對全球化的人才流動與接軌，教育部自2017年起開始推動「青年教育與就業儲蓄帳戶方案」，透過跨部會合作鼓勵高中職應屆畢業生透過職場、學習及國際體驗，探索並確立人生規劃方向，並且高等教育體系及高等技職教育體系，能採取更大的空間，給予經過社會歷練之後重返校園的學生，更多的學習機會，並將此歷程記錄在青年教育與就業儲蓄帳戶中，作為生涯發展與求職的參考。實施目標如下（教育部，2018b）：

（一）協助青年適才適性發展，提供學生職業試探機會，以建立正確之職業價值觀。

（二）培養臺灣傳統技藝及區域產業人才，提升高中職畢業生就業率。

（三）拓展青年國際體驗學習機會及多元生活體驗，提升青年國際競爭力。

（四）儲備青年未來接受高等教育及發展經費，暢通技術人才回流就學管道。

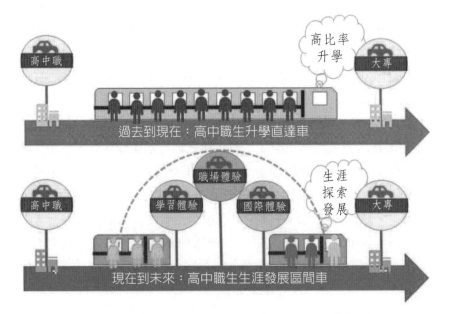

☆圖3-8　青年教育與就業儲蓄帳戶方案構想圖

資料來源：教育部（2018b），青年教育與就業儲蓄帳戶方案專區。

透過學校教育體系建構完整的終身學習系統，並請勞動部能夠建立全國技能認證系統，應當可以解決並提升勞動力水準與勞動力整合的問題。畢竟，員工的終身學習對於勞雇雙方都能產生極大的利益，透過歷程檔案的紀錄，更能夠讓雙方掌握需求與供給，並能提供國家在培育下一個世代青年的職業發展上有所參考，這也呼應聯合國永續發展的目標。

參、提升勞動職場環境品質

聯合國永續發展目標的目標八、合適的工作及經濟成長，以及目標十、減少不平等，特別關注勞工就業保障、消除勞動歧視、婦女勞動權益與勞動安全等議題，因此，在2017年亞太經濟合作會議（Asia-Pacific Economic Cooperation, APEC）特別強調包容性的人力資源發展政策，營造具吸引力的工作環境，將可吸引並留住本地與國外的人才；改善工作環境品質，將能提高生產力及工作投入程度；加強企業競爭力更可以提供勞動力較高的生活品質。各國皆訂有勞動條件之相關法令保障勞工權益與福祉，其內容包含工時（延長工時、休假日、特別休假日）、工資（基本工資、原領工資、平均工資、延時工資）、相關法令適用等，主要是規定勞動條件的最低標準，仍舊無法提升勞動職場的環境品質，因此，以增進企業創新力、積極改善企業勞動環境、實踐勞動安全及排除一切就業之歧視，符合人力資源永續發展的目標，對於整體勞動環境品質的提升將有顯著性的影響。

肆、增進人力資源的蓬勃發展

人力資源的流動與儲備一直是各國人力資源發展的重要課題之一。由於企業對於人才培育往往建立在企業營運的終極目標之上，絕大部分的企業仍然不能跳脫以絕對獲利為目標，對於相對獲利的人才培育政策，往往望之卻步。人力資源流動在某一種層面亦可以促進人才快速適應產業的發展，例如：人力資源市場中，受僱者的職場更換，也加速人才的彈性應

用，然而，其負面效應是受僱者無法對於企業有忠誠之責任心，因此，許許多多企業就設立了旋轉門條款、競業條款等，限制企業人才離職後再進入屬性相同的企業工作，以防止智慧財產、專利權等被其他公司所利用，腐蝕原本企業的權利與營運。因此，人力資源的思維若能轉換為相對獲利的方向，結合人力資源流動性與培育，不限於單一企業的培育，而是引進外部企業的員工，而此員工係在原企業有受過良好培訓，獲得新企業的任用之後能夠發揮職能與效能，如此即能發揮人力資源的最佳化性質。在2016年APEC教育部長會議中，就提到未來在人力資源蓬勃發展的面向上，對於教育有三大倡議（APEC, 2016）：

（一）競爭力：提升基礎教育、高等教育、技職教育及終身學習。

（二）創新力：促進教育中的科學、技術及創新能力。

（三）就業力：從教育銜接工作職場，以促進經濟及社會成長。

因此，每一個企業皆負有教育員工的使命，員工不僅僅在教育體制中學習成長，進入企業服務之後，仍是教育的延續，使得人力資源充分展現競爭力、創新力與就業力，達成終身學習的生涯目標。

伍、重新定義企業與區塊鏈之合作關係

人力資源區塊鏈（blockchain）是去中心化的人力資源發展的新方向。區塊鏈的發展從比特幣、金融帳戶交易，到IOT物聯網連結生活等，其特質為去中心化、匿名性、不可竄改、講求共識與加密條件等。在數位時代中，未來工作的樣態與勞動市場也朝向去中心化發展，對於個人資料保護的推廣與重視，使得人力資源制度、勞動人權更受到法律的保障；其次，人力市場透過人工智能與演算法的運用，使得人力資源發展呈現更準確的對應，例如：在植物與工作的配置上能夠透過有效的匹配，讓人才能夠適性、適才、適能的投入工作，使得工作效能能夠提高，也能讓人才能自主調配生活作息與休閒，朝向更人性化的工作環境。再者，對於不同族裔、性別、不同背景條件的工作條件與待遇，能夠採取加密的方式處理，再透過共識的條件之下，尋求企業與受僱者之間的最適化，如此間接達成

社會保障的目標。

政府、學校與企業之間，透過區塊鏈的模組方式，在政策、教育、訓練、營運、獲利、永續等面向，讓勞動者能夠有適足性的工作機會，讓勞動者能夠在工作中獲得成長與發展，讓勞動者能夠滿足經濟生活所需，讓企業能夠因區塊鏈的人才發展而有效獲利，讓政府能夠施展社會福利政策，真正照顧到勞動者、失能者與退休者。

國際人力資源發展之根基係在各國、各經濟體、各區域的合作與連結，國際上之人才流動能夠以市場愈開放、限制愈小為發展的基礎，對於語言溝通的服務，透過科技能夠提升量與質，使得語言溝通不再是人才流動的障礙，回歸人才的才能本質，以用人唯才為方向，讓不同職能的人力資源能夠得到自願性的配置與流動。企業能夠延攬更佳的人才，也端賴企業薪資結構上的改善與提升之外，在整體職能的教育與訓練上也能夠同步提升品質，使得全球的人力素質能夠不斷提升。臺灣最珍貴的資源是人才，而國際間最欠缺的也是人才，因此，技術與職業教育訓練在臺灣應當結合區塊鏈的策略，如同變形體的方式深入社會各階層，面對需求提出解決之方案，不需要拘泥於傳統的教育體制，以實利為先，經濟為足，永續為終，達成終身學習的生涯發展目標。

───────── **參 考 書 目** ─────────

APEC (2016). APEC Leaders' Declaration. Retrieved from http://www.apec.org

APEC (2017). APEC Leaders' Declaration. Retrieved from http://www.apec.org

Deloitte Insights (2019). *Success personified in the Fourth Industrial Revolution: Four leadership personas for an era of change and uncertainty*. Deloitte.

International Labour Office (2017). World Employment and Social Outlook-Trends 2017. Retrieved from https://www.ilo.org/

United Nations (2015). Transforming our world: The 2030 agenda for sustainable development. Retrieved from https://sustainabledevelopment.un.org/post2015/

行政院（2017）。賴揆提出六大對策解決產業缺工、缺才問題。行政院新聞稿：2017年11月10日。取自https://www.ey.gov.tw/Page/9277F759E41CCD91/

周燦德、林騰蛟（2004）。當前技職教育的定位與發展。主計月刊，**578**，49-55。

林騰蛟（1995）。我國技職教育課程之演進與發展趨勢。**教育研究雙月刊**，**42**，41-47。

科技部（2021a）。產學合作計畫。取自https://www.most.gov.tw/spu/ch/list/

科技部（2021b）。科研產業化平臺。取自https://www.gloria.org.tw/gloria/index.php?

國家發展委員會（2020）。中華民國人口推估（**2020至2070年**）。國發會。

國家發展委員會（2021）。六大核心戰略產業推動方案。取自https://www.ndc.gov.tw/Content_List.aspx?n=9614A7C859796FFA&upn=AD03F23C4218A87C

張國保（2011）。精進人才培育方案的執行成效。**臺灣經濟論衡**，**9**(8)，34-37。

張國保、李寶琳（2013）。我國技職人才培育的問題與前瞻。**教育資料與研**

究，**112**，53-76。

教育部（2013a）。立法院三讀通過「高級中等教育法」及「專科學校法」部分條文修正案確立十二年國民基本教育實施法源。取自http://www.edu.tw/pages/detail.aspx?Node=1088&Page

教育部（2013b）。**技職教育再造方案**。取自http://www.edu.tw/FileUpload/1052-14036%5CDocuments/

教育部（2018a）。**教育統計簡訊（第104號）**。取自http://www.stat.org.tw/data/asoctopic/107學年度大專校院學生類主要統計指標概況.pdf

教育部（2018b）。青年教育與就業儲蓄帳戶方案專區。取自：https://www.edu.tw/1013/Default.aspx

許勝雄（2013）。人才供需為何失調？**師友月刊**，**554**，9-11。

陳金進（2006）。高職新課程的實施與改進芻議。**教育研究**，**149**，33-37。

經濟部（2021a）。技職校院力拚實作場域—類產線基地培育硬實力人才。取自https://www.italent.org.tw/ePaperD/9/ePaper20210100008

經濟部（2021b）。產學培育資源。取自https://www.italent.org.tw/Resource/ResourceList/54

經濟部（2021c）。產業人才發展資訊網。取自https://www.italent.org.tw/Content/01L/41

經濟部工業局（2021a）。2020-2022智慧機械產業專業人才需求推估調查。取自https://www.italent.org.tw/ePaperD/10/ePaper20200200003

經濟部工業局（2021b）。2020-2022航空產業專業人才需求推估調查。取自https://www.italent.org.tw/ePaperD/10/ePaper20200200004

經濟部工業局（2021c）。2020-2022造船產業專業人才需求推估調查。取自https://www.italent.org.tw/ePaperD/10/ePaper20200200005

經濟部工業局（2021d）。2020-2022離岸風力發電產業專業人才需求推估調查。取自https://www.italent.org.tw/ePaperD/10/ePaper20200200006

資誠（2018）。**2018未來勞動力調查報告：以數據驅動的人才決策為未來做好準備**。取自https://www.pwc.tw/zh/news/press-release/press-20181119.html

第四章　臺灣技術型高中制度與發展

　　臺灣的技術型高中，從早期日治時期的初級職業學校到職業學校發展演變而來，迄今已逾一甲子，期間為經濟發展及技術人力培育，貢獻良多。職業學校也從早期的終結教育，轉型成與普通高中並列的技術型高中。技術型高中多數可選擇四技二專學制繼續深造，少數學生也可參加學科能力測驗，選讀大學／獨立學院。技術型高中學生數也是隨著社會觀念、就職環境及教育政策，一直變動。技術型高中提供許多專業技術的人才培育，有配合產業建設發展的「建教合作」教育、配合產業與科技大學的「產學攜手」計畫、延伸國中技藝教育的「實用技能學程」。技術型高中發展一直依循「務實致用」的精神，與產業及經濟發展鏈結在一起。

　　本章從技術型高中學校發展、群科分類、就讀人數、招生與進路、建教合作教育發展及法令規範、技藝教育與實用技能學程及其法令規範等方面來介紹。

第一節　技術型高中群科發展

　　技術型高中群科發展，本節從學校的發展及沿革、學制及人數變化談起，再介紹專業群科分類、最後談到技術型高中的招生及未來進路。

壹、技術型高中學校發展

一、技術型高中（高職）的發展沿革

　　臺灣技職教育發展與經濟建設密不可分，而高級職業學校的發展，以及學生數的比例，配合著產業的升級及教育政策導引，也有了不同年代的發展面貌，如表4-1技職教育發展與經濟建設情形所示。

❀表4-1　技職教育發展與經濟建設情形

年代	技職教育發展情形	經濟建設重點	高職與高中學生數比例
40	農業、商業為核心教育 重視高級職業學校	土地改革成功 農業生產提高 發展勞力密集民生工業	4：6
50	發展工、商業職業教育 實施九年國民義務教育 擴增職業教育類科與數量 開辦五專、二專教育	拓展對外貿易	4：6
60	改進工業職業及專科教育 創設技術學院	進行十大建設 發展資本、技術密集工業	6：4
70	提升工業職業及專科教育 之質與量	發展高科技產業 發展石化工業	7：3
80	開辦綜合高中 績優專科學校改制技術學院 具規模之技術學院改制科技大學	發展知識經濟產業 籌設亞太營運中心	5：5
90	全面發展技職教育 技職教育國際化	發展兩兆雙星產業 （兩兆──半導體產業／影像顯示產業；雙星──數位內容產業／生物技術產業）	5：5
100	產業共育適才適性專業技術人才 實施十二年國民基本教育	推動五加二產業──「智慧機械」、「亞洲・矽谷」、「綠能科技」、「生醫產業」、「國防產業」、「新農業」及「循環經濟」 推動十大服務業──國際醫療、國際物流、音樂及數位內容、會展、美食國際化、都市更新、wimax、華文電子商務、教育、金融服務	6：4

年代	技職教育發展情形	經濟建設重點	高職與高中學生數比例
		推動四大智慧型產業——雲端運算、智慧電動車、智慧綠建築、發明專利產業化 推動六大新興產業——生物科技、精緻農業、綠色能源、醫療照護、觀光旅遊、文化創意	

資料來源：教育部（2018）。中華民國技術及職業教育簡介。臺北市：作者。P7

　　當前「技術型高中」泛指是高級職業學校、工業／商業／家事商業高級中等學校，社會普遍通稱爲「高職」。高職的發展，配合農業與民生勞力密集產業的生產，係以農業與商業爲核心教育。隨著九年國民義務教育的實施，臺灣逐漸發展資本及技術密集工業，政府於1976年修正原1932年由國民政府所制定公布的《職業學校法》，修正公布全文17條。規範了職業學校的分類設立原則、入學招生、學生收取費用、人事編制等項目。

　　職業學校法開宗明義說明，依《中華民國憲法》第158條之規定，以教授青年職業智能，培養職業道德，養成健全之基層技術人員爲宗旨。職業學校由直轄市設立。但應地方實際需要，得由縣（市）設立，或由私人依私立學校法設立。教育部審察實際情形，得設立國立職業學校。

　　當時政府即依據《職業學校法》，因應國家經濟發展，提升產業技術人力，並爲延伸九年國教的學制，開辦設立高級職業學校。例如2013年改隸更名的「新北市立新北高級工業職業學校」，簡稱新北高工，就是當時的臺灣省政府依據《職業教育法》而設立。新北高工於1979年由張天津博士爲籌備主任，1980年正式建校「臺灣省立海山高級工業職業學校」，由張天津博士擔任第一任校長；而原已成立之職業學校，因學制停辦初級部後全面辦理高級部，此時校名也配合更名爲「高級職業學校」。

　　部分學校是從日治時期的學校轉型而來，以大甲高工（臺中市立大甲工業高級中等學校）爲例。原先是從1937年（日治時期）的「大甲農業國

民學校」，到了1946年4月改制為「臺中縣立大甲初級農業職業學校」，修業三年，開啟了臺灣的職業教育。到了1957年的「臺中縣立大甲農業職業學校」，為五年一貫制，更延長授課年限到五年。1962年，增設招收初中畢業生之農科，修業三年。1968年8月，改制為「臺灣省立大甲高級農業職業學校」，展開了高職教育的新樂章；1969年8月，改名為「臺灣省立大甲高級農工職業學校」。1978年8月，轉型改名為「臺灣省立大甲高級工業職業學校」。2000年2月改制為「國立大甲高級工業職業學校」。2017年1月因應改隸臺中市直轄市，而改名為「臺中市立大甲工業高級中等學校」。此時亦配合《高級中等教育法》，而將職業二字拿掉，開啟了技術型高中的另一樂章。

　　再以大安高工（臺北市立大安高級工業職業學校）為例，創立於1940年（日治時期），原為「臺北商工專修學校」，初設機械、電機、商業三科，兼辦「臺北第二工業技術練習生養成所」補習教育，招收國小畢業學生；臺灣光復後，校名改為「臺北市立初級工業職業學校」，原技術生養成所改為「臺灣省立臺北第二工業職業補習學校」。1950年增設高級部，校名改為「臺北市立工業職業學校」。1955年停止初級部招生後，臺灣開始接受美援並更新學校設備，實施單位行業訓練課程；到了1958年正式改稱「臺北市立高級工業職業學校」，招收初中畢業學生，正式展開高職教育；1967年臺北市改制為院轄市，改名為「臺北市立高級工業職業學校附設高級工業職業進修補習學校」；大安高工於1981年奉令，將校名冠以行政區名，再改為「臺北市立大安高級工業職業學校」。

　　也有少數學校是私人創辦，再捐贈給政府。例如沙鹿高工（臺中市立沙鹿工業高級中等學校），原為臺中沙鹿企業家李卿雲創設「私立沙鹿初級工業學校」，為國內唯一專門為培植紡織、染整技術人才而創立的學校。1953年創辦人捐獻予臺中縣政府，定名為「臺中縣立初級工業職業學校」。1956年改制為「臺中縣立沙鹿工業職業學校」，1966年改隸屬臺灣省政府，更名為「臺灣省立沙鹿工業職業學校」。於1969年試辦建教合作實驗班，為全省首創的建教合作學校。1970年改制為「臺灣省立沙鹿高級工業職業學校」。2000年2月1日因精省而改隸屬中央，更名為「國立沙鹿

高級工業職業學校」，再於2017年1月因應改隸臺中市直轄市，而改名為「臺中市立沙鹿工業高級中等學校」。

綜合以上可知，技術型高中指的是高級職業學校，如大甲高工就是從日治時期即創立的農業國民學校轉型到初級農業職業學校，再配合臺灣的工業發展，在1970-1980年代改為高級工業職業學校；如大安高工也是日治時期即創立的「商工專修學校」再轉型到「初級工業職業學校」，在1960-1970年代改為高級工業職業學校；如沙鹿高工就是從1952年「初級工業職業學校」，在1970年轉型成高級工業職業學校，再到2017年更名為工業高級中等學校。從校名的變化得知職業教育，有些從農業轉型、從初級職業學校到高級職業學校，配合了產業逐漸從多數農業到多數工業的演變，也見證了臺灣技術與職業教育的發展脈絡。現今多數技術型高中學校發展已逾五十年，為產業界培育眾多技術人才。當時也有許多職業學校畢業的技術人才選擇了創業，臺灣的中小企業數如雨後春筍般增加，也讓勤儉刻苦的臺灣，四處皆是「客廳即工場」的代工現象，並寫下一篇史詩般經濟起飛的奇蹟。

二、技術型高中的學制

教育部將技職教育可分為中等技職教育及高等技職教育兩大階段。而中等技職教育，就包括國中的技藝教育課程，以及技術型高級中等學校、普通型高級中等學校附設專業群科、普通型高級中等學校附設綜合高級中等學校專門學程；高等技職教育階段則包括專科學校、技術學院及科技大學。如圖4-1技職教育的各級學制所示。

三、高中職生的人數與分流教育

相較於技術型高中，「普通型高中」前身的高級中等學校，通稱高中，四十年前即是依據1979年政府制定公布全文27條《高級中學法》，說明高級中學以陶冶青年身心，培養健全公民，奠定研究學術或學習專門知能之預備為宗旨。此階段的高中教育奠定並培育國內大學研究學術或大學博雅教育所需的人才。

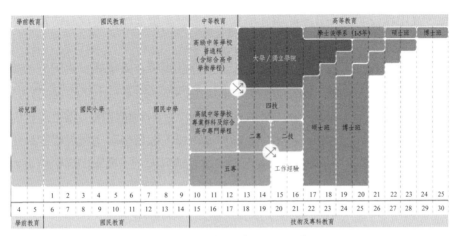

☘圖4-1　技職教育的各級學制

資料來源：教育部（2018）。中華民國技術及職業教育簡介。臺北市：作者。P13

　　此時臺灣的中等教育，分為國民中學三年及高中職校三年。而銜接於國民中學之後的教育階段，高中職教育亦通稱為「後期中等教育」。至此臺灣的高級中等教育開始明確分流「高中」與「高職」二大分類，也就是普通「高級中學」和「高級職業學校」。當時高級職業學校就以「八大省工」、「八大省商」為著名代表學校。「八大省工」是指臺灣在接受美國援助時期，成立了全國8所示範工業教育的高職，為臺灣培養了大量工業人才。這8所學校指的是大安高工、新竹高工、臺中高工、彰師附工、嘉義高工、臺南高工、高雄高工、花蓮高工。而「八大省商」是相對於八大省工而有了八所省立或直轄市立高商學校為著名代表學校。這8所學校指的是士林高商、松山家商、新竹高商、臺中家商、彰化高商、嘉義高商、臺南高商、高雄高商。臺灣職業教育開始培育大量技術人才，也奠定了許多人創業的基礎。

　　當然高中亦有許多知名學校，例如當時聯考放榜時常以建國中學（建中）、北一女、中一中、中女中、雄中、雄女等等學校，每年醫學系或臺灣大學的錄取率來報導。當時社會對後期中等教育的認知，就是想繼續深造唸大學的國中畢業生，多數選讀高中；想學技術的國中畢業生選讀高

職，高中職校明確分流。高職升學管道狹窄，多數高職學校爲終結教育然後進入職場。

1969年起政府推動第二、三期人力發展計畫，在職業教育政策上，調整高中高職學生比例，由當時1970年的5.5：4.5，預定在十年內達到3：7之目標；並首次實施第一期工職改進計畫，並且開始積極擴展職業類科的班級數（江文雄，1999）。當時高職與高中學生數量受限學校設置數量及政策決定，如圖4-1技職教育發展與經濟建設情形所示，高職與高中招生人數約莫從1950年的4：6，轉變到1980年的7：3，再到1990年的5：5。

從教育部（2018）的統計整理，近五年技術型高中與普通型高中學生人數每年平均約爲26萬2,281人，技術型高中與普通型高中學生比例爲5.5：4.5，此人數的變化也是受到2009年全球金融海嘯影響，讓部分家長摒除升學主義，願意讓子女選讀高職；近五年技專校院與大學校院學生人數每年平均約爲24萬7,283人，技專校院與一般大學學生比例爲4.7：5.3，綜合來看，技職學校學生占同級學生人數比率爲53%。

進一步細項從教育部教育統計查詢網查詢，可知96學年至107學年度之間，高級中等學校每年的畢業生，人數從279,320人到了99學年的282,605人最多，然後受少子化現象影響，逐年下降到107學年的231,022人。而這其中高級中等學校普通科學生及畢業生數約莫在95,000-105,000人之間，十年間變化幅度不大（103學年105,132人最多，105學年94,269人最少）；而同時期專業群（職業）科學生及畢業生數，則是96學年度102,190人，逐漸到102學年度113,779人最多，然後受少子化影響，開始降到107學年的96,978人。

四、十二年國教下的高級中等教育

到了2014年開啟了十二年國民基本教育時代，簡稱「十二年國教」。此時將高中、高職、五專前三年納入，並以「全人教育」、「核心素養」爲發展主軸。

教育部配合「十二年國教」的實施，整合《職業學校法》及《高級中學法》兩法，頒布並於2014年8月1日施行的《高級中等教育法》，來規

範高級中等教育階段的各項名稱及課程。施行後廢止了原先的《職業學校法》及《高級中學法》。

　　《高級中等教育法》第5條將高級中等學校分為下列類型：

（一）普通型高級中等學校—提供基本學科為主課程，強化學生通識能力之學校。

（二）技術型高級中等學校—提供專業及實習學科為主課程，包括實用技能及建教合作，強化學生專門技術及職業能力之學校。

（三）綜合型高級中等學校—提供包括基本學科、專業及實習學科課程，以輔導學生選修適性課程之學校。

（四）單科型高級中等學校—採取特定學科領域為核心課程，提供學習性向明顯之學生，繼續發展潛能之學校。

　　其中技術型高級中等學校，即簡稱「技術型高中」，指的就是通稱「高職」的高級職業學校。此時校名大多數並未做調整，僅有改隸屬於直轄市的臺中市學校，因隸屬更名而一併將校名更改，從「高級工業職業學校」改為「工業高級中等學校」；「家事商業職業學校」改為「家事商業高級中等學校」等等。

貳、技術型高中專業群科分類

　　技術型高級中等學校之類群科歸屬，依《高級中等教育法》第6條第二項及第三項之規定，應依類分群，並於群下設科，僅有一科者，不予設群。各校依經濟建設、產業現況、學生職涯發展等需求，以分類設立為原則，必要時，得合類設立。作者依2021年8月公布之技術型高級中等學校群科之課程綱要，整理出類、群、科之歸屬對應關係表，如表4-2所示。

✿表4-2　技術型高級中等學校類、群、科之歸屬對應表（2021年8月公布）

類	分群	科別
工業類	機械群	機械科、鑄造科、板金科、機械木模科、配管科、模具科、機電科、製圖科、生物產業機電科、電腦機械製圖科

類	分群	科別
工業類	動力機械群	汽車科、重機科、飛機修護科、動力機械科、農業機械科、軌道車輛科
	電機與電子群	資訊科、電子科、控制科、電機科、冷凍空調科、航空電子科、電子通信科、電機空調科
	化工群	化工科、紡織科、染整科、環境檢驗科
	土木與建築群	建築科、土木科、消防工程科、空間測繪科
商業類	商業與管理群	商業經營科、國際貿易科、會計事務科、資料處理科、電子商務科、流通管理科、農產行銷科、航運管理科、水產經營科、不動產事務科
	外語群	應用英語科、應用日語科
農業類	農業群	農場經營科、園藝科、森林科、野生動物保育科、造園科、畜產保健科
	食品群	食品加工科、食品科、水產食品科、烘焙科
家事類	家政群	家政科、服裝科、幼兒保育科、美容科、時尚模特兒科、流行服飾科、時尚造型科
	餐旅群	觀光事業科、餐飲管理科
海事水產類	海事群	輪機科、航海科
	水產群	漁業科、水產養殖科
藝術與設計類	藝術群	戲劇科、音樂科、舞蹈科、美術科、影劇科、西樂科、國樂科、電影電視科、表演藝術科、多媒體動畫科、時尚工藝科、劇場藝術科
	設計群	家具木工科、美工科、陶瓷工程科、室內空間設計科、圖文傳播科、金屬工藝科、家具設計科、廣告設計科、多媒體設計科、室內設計科、多媒體應用科、美術工藝科

註：時尚模特兒科係因兼具家政、美容及表演藝術類科的廣度學習，配合模特兒、舞臺表演、韻律美姿及整體造型課程核准設立，並納入家政群下之科別。因應時代社會變遷，原部分服裝科轉型為流行服飾科，原部分美容科轉型為時尚造型科，亦因其科別特性，一併納入家政群下之科別。

　　另外也可從四技二專統一入學測驗中心公告各群報考人數來做比較，以102學年報考餐旅群27,011人、商業與管理群34,145人爲基準；到了109學年，報考餐旅群人數降爲16,486人、商業與管理群降爲17,137人來看，餐旅群考生減少10,525人、商業與管理群考生則減少17,008人，是人數減少幅度最大的二個群別；而這期間唯一報名人數增加的群別，則是藝術群影視類，從896人增加到1,494人，共增加598人。顯見各群科人數變動，除了產業發展前景外，招生難易度、設科條件、就業條件等因素，也會影響各領域的人才培育數。

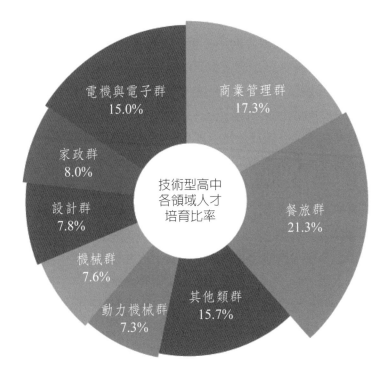

☙圖4-2　技術型高中各領域人才培育比率

資料來源：教育部（2018）。中華民國技術及職業教育簡介。臺北市：作者。P18

參、技術型高中的招生與進路

一、高級中等學校特色招生專業群科甄選入學

　　當前國中進入高中教育，主要是「學區免試入學」，分15區以超額比序（以國中教育會考成績為主）進行錄取篩選，是國中畢業生選擇高中最主要的升學管道。另外「學習區免試入學」則是選擇就讀國中對應的一所高中職報名，不須採計國中教育會考成績，所以在會考前就會放榜，是完全免試入學的型式。當然還有「優先免試入學」、「技優甄審入學」、「實用技能學程」、「直升入學」等管道。

　　教育部為推動技職教育向下扎根，鼓勵國中畢業生能夠選擇適性化學習的專業群科教學，辦理高級中等學校特色招生專業群科甄選入學。在2019年有全國86所高級中等學校、314個專業群科（班、組）辦理「實務選才」，提供8,962個招生名額。

　　辦理特色招生之各校應依特色課程發展就實驗、面試、實作、表演等項目，選擇辦理術科甄選，並得視需要辦理書面審查，但不得加考任何學科紙筆測驗；各校得參採當年度國中教育會考成績作為錄取門檻。國中畢業生可依據興趣與性向選擇，不受國中學籍區域限制，是當前技職教育最具特色的招生方式之一。以107學年為例，其中僅有16學校要參採國中教育會考成績，其餘70校則採術科測驗成績。招生職群提供了機械群、動力機械群、電機電子群、土木與建築群、商業與管理群、外語群、設計群、農業群、食品群、家政群、餐旅群、化工群及藝術群等13群。其中餐旅群招生名額最多，預計錄取40校50科1,843名；設計群次之，預計錄取29校40科1,200名。術科測驗命題，則是連結課程綱要相關領域的能力指標，考試內容包含有烘焙、飲料調製、空間設計、素描、軟體操作、機器人組裝、程式設計、英文溝通、草花上盆、眼部化妝設計及肢體創意表演等。相關資料可至教育部當年度「高級中等學校特色招生專業群科甄選入學委員會」下載參閱。

二、四技二專統一入學測驗

　　技術型高級中等學校畢業學生，如果選擇升學技術學院或科技大學，其管道主要參加的升學考試爲「四技二專統一入學測驗」，並以此成績選擇登記分發、甄選入學、技優甄審等升學甄選方式升學。也有少部分學生會參加報考大學學科能力測驗，進入一般大學就讀。

（一）登記分發－完全採計當學年度四技二專統一入學測驗考試各科成績，然後依簡章各校系科組自訂之統測各科目權重，加權後合計爲總分數。其中共同科目（國文、英文、數學）權重爲1至2倍，專業科目（一）、專業科目（二）權重爲2至3倍，權重級距爲0.25。無畢業年資及證照加分優待；普通科應屆畢業生不可報名四技二專日間部聯合登記分發。

（二）甄選入學－是所有大專校院聯合招生管道招生校數最多、規模最大的入學管道。除招收四技二專日間部的技專校院外，也有一般大學參加招生，因此參加當學年度四技二專統一入學測驗的考生，或是四年前學年度參與「青年教育與就業儲蓄帳戶方案」完成2至3年期且持有畢業當學年度之四技二專統一入學測驗成績者，每位至多可報名3個校系科組志願。

（三）技優甄審－凡取得認可之競賽獲獎者或持有乙級以上技術士證者，符合資格之技高學生或高中生，無論是應屆或非應屆畢業生均可報名。可選擇5個志願參加招生學校辦理之指定項目甄審，評量方式可包含面試、實作、作品集、書面資料審查等，由各校訂定，亦不採計統一入學測驗成績。甄審總成績計算方式爲依據各指定項目甄審成績總分，再依各競賽名次或證照等級優待加分標準加分後，即爲甄審總成績。

第二節　建教合作教育之發展

　　建教合作教育之發展，本節從建教合作的發展及沿革談起，再介紹建教合作相關法令及合作模式。

壹、建教合作教育發展沿革

一、建教合作的意義

　　康自立（1985）職業教育的傳遞系統可分成二大主要系統。一是模擬系統（Simulation System），將學校教育內容仿效社會需求而定；另一個是在職訓練系統（On-the-job Training System），利用工作世界（The World of Work）作爲學生學習場所。無論學校多麼盡力模擬社會與職業世界，總是會有一段距離，所以若利用職業世界作爲教學場所，再經過周詳規劃執行與督導，當可消弭學校學習與職業世界的差距存在。模擬系統基本假定符合美國教育家杜威所說：「學校即社會、教育即生活」；在職訓練系統則是符應了杜威所說的「學習職業最適當的途徑，就是在職業中的訓練」。當然隨著時代技術及生產型態的改變，教育制度也隨之創新，並不盡然僅是職業教育的二種傳遞系統，但是其基本假定仍值得參考使用。

　　所以臺灣當前利用職業世界來學習的教育制度，當屬在高職階段發展辦理已有數十年的「建教合作」、科技大學階段的「產學攜手合作計畫」。另外一個是由勞動部主辦，教育部、勞動部勞動力發展署、科技校院及產學合作企業共同合作辦理的「產學訓合作訓練四技專班」。

　　「產學攜手合作計畫」推動是以結合高職（或五專）與技專校院（四技、二專或二技）縱向之進修管道，並在不同階段以各種模式結合產業資源達成學校與產業界攜手合作，培育技術人才能符應產業需求之人力的質與量。高職學校銜接技專校院，再加上合作廠商工作崗位實習、津貼，除提供學生升學與就業機會，也促進技專校院因應社區發展與需求發展科本位課程，並且建置業界與學校緊密之教學實習合作平臺，結合證照制度，

發揚技職教育「做中學、學中做」之實務教育特色。

　　「產學訓合作訓練四技專班」規劃，第一年日間或寒暑假期間，安排學員至勞動力發展署接受專業實習及就業專精訓練，第二年起學員須至合作企業實習，4年期間之夜間或休假日則於分署或返校上課。

　　「建教合作」，在臺灣教育部將定義為透過學校與合作機構之間的合作安排，讓學生可以在學校中修習一般科目及職業專業課程，又可以到相關行業職場接受職業技能訓練，以利於就業準備的一種職業教育方案（教育部，2020a）。而所謂建教合作，在臺灣依名稱而言通常是指建設與教育合作的一種教育計畫，是一種設計在高職階段的教育制度。對應國外類似的制度，則是合作工讀教育（Cooperative Work Experience Education），簡稱合作教育（Cooperative Education）。康自立（1985）認為要體現利用職業現場作為教育訓練的價值，至少應具有學術性價值、生涯發展的價值、經濟性的價值、個體成熟的價值及社會認識的價值，值得參考用來指引建教合作方向。

二、建教合作的發展

　　源起十九世紀時，赫伯特‧史賓賽（Herbert Spencer）主張實利主義教育，認為學生應在學校修養實學，練習技能，以符合「生活預備說」的教育目的。西方國家之建教合作則可從英國1880年代辦理的三明治課程（sandwich courses）談起，此課程讓學生半年在工廠從事技術學習生產，另外半年則在學校接受知識教育，如此循環進行。1906年首先由美國辛辛那提大學赫曼‧施奈德（Hermann Schneider）教授提出，一項實驗性的合作教育（Cooperative Education）計畫，他認為業界擁有最好的設備，而對於學校而言，購買這些設備昂貴且有可能很快就過時。所以學校讓這些工程學科系學生，到業界去訓練以符合雇主的需求（唐智，1986）。

　　我國實施建教合作教育大致可分為萌芽期、奠基期、發展期、調整期。

（一）萌芽期（政府遷臺之前）

　　我國建教合作教育起源，並無定論。唐智（1967）認為可追溯到1932

年蔣公視察農業試驗場後，指出農業學校找不到農場，另一方面農場卻無人去管理，就是「建教不合作」的緣故。此時政府開始有了建設與教育相互合作的概念。1939年教育部頒布《大學理工學院與經濟交通及軍備工廠合作辦法》，開始有了建教合作教育之實（康自立，1985）。

1941年公布《公私營工廠、礦廠、農場推行職業補習教育，並利用設備供給職業學校實習辦法綱要》，針對職業教育利用企業廠房設備，作為實習教育的規定。因實習辦法綱要未臻完善，於是1945年再頒布《工業職業學校學生利用工廠設備實習辦法》，讓高職開始有了利用公民營工廠設備給學生實習的依據。

（二）**奠基期（政府遷臺至1967年）**

民國43年再配合臺灣當時經濟建設所需，訂頒「建教合作實施方案」。此時建教合作一詞正式在法規上使用，也一直沿用迄今。職業學校建教合作首由臺中高工與臺灣電信管理局辦理獎學金式建教合作；1955年高雄高工也開始辦理實習式建教合作。這二所學校也曾辦理過委訓式建教合作，在校培養技工並由電力公司負擔高三訓練一年學費，結業後到電力公司服務。類似的專班為日後輪調式建教合作奠定了基礎（林琴珠，2008）。

（三）**發展期（1968至1987年）**

1968年配合臺灣當時經濟建設所需，教育部結合經濟部及行政院經濟合作發展委員會共同舉辦工業教育研討會，會中以建教合作教育理念作為主要討論主題之一。由於當時社會對人力需求，教育部頒布《試辦二年制實用技藝專科學校辦法》，期望能透過建教合作教育模式，培養中級技術人才。此辦法讓專科學校將委訓式精神發揮，與具規模公民營機構合辦教育。

1969年臺灣省教育廳指定省立沙鹿高工試辦「輪調式建教合作」，由學校、工業職業訓練協會、三光電機廠、東正鐵工廠等四個機構合辦，招收二班80名學生。由於試辦成效良好，到了1972年已有8所學校辦理，合作廠家有38家。

1973年教育廳正式將此教育模式定名為「輪調式建教合作班」，並

頒布「輪調式建教合作班實施要點」，開始全面辦理建教合作教育。1976年因應能源，行政院成立專技及職業訓練小組，政府投入經費來辦理公共職業訓練，並大力支持學校及廠商共同辦理「輪調式建教合作」。1978年教育部依據《建教合作實施辦法》，負責全國性建教合作業務，邀請內政部、經濟部、經建會、青輔會及各工業職業學校校長，開會研訂「加強高級職校輪調式建教合作制度及擴大辦理輪調式建教合作方案」，於1979年定名為「教育部加強高級職業學校輪調式建教合作訓練實施要點」；1982年頒布「加強高級職業學校建教合作教育實施要點」，為辦理各類型建教合作教育建立了實施要點，首次使用「建教合作教育」一詞替代「建教合作」，也讓建教合作教育實施起來更加完善（林琴珠，2008）。

　　1980年省議員提案「請政府注意建教合作所造成之社會問題」，要求政府正視工廠不當使用建教生作為廉價勞力的不正確觀念，也要求學校與工廠重視建教合作班之生活輔導、技能訓練、加班等問題。

　　教育部考查1979-1980年度高級職校辦理建教合作訓練專案小組，進行考查45所高職、199家合作工廠而提出綜合報告。該報告對建教合作此一制度符合職業教育原則之良好制度，指出有擴大辦理之必要。但建教合作也有極待改進之問題（羅大涵，1986）。如：

1. 建教合作教育觀念不足，學校與合作廠家執行易造成偏差。
2. 部分合作工廠規模小、技能過於單純，學生無法學得技術。
3. 部分工廠之宿舍、環境、安全衛生及文康設施較差，學生輔導工作需加強。

　　1983年公布《職業訓練法》，將技術生訓練歸屬於職業訓練方式之一，中央主管機關為內政部（1987年改為行政院勞工委員會）。由職業訓練局來協助建教合作之職場技能輔導工作，有了明確之法定職責。但是輪調式建教合作教育之學生，在事業單位之技能訓練是否屬於《職業訓練法》所定之「技術生訓練」，則是缺乏明確之定位，致使日後執行的模糊（林琴珠，2008）。

　　1984年《勞動基準法》公布實施，第八章為技術生之規定，明定技術生之定義、簽訂技術生訓練契約、技術生人數之限制，以及有關工作時

數、保險等事項。在職業訓練局開辦之職訓專班,學員以技術生來規範,而原本輪調式建教合作在制度建立時,係參考《工廠法》之規定辦理。此法公布後,輪調式建教合作辦理之科別,將不再受限於《工廠法》規範之工業行業為限,則是讓日後工業以外行業,也能夠合作辦理建教合作。但該法將建教合作班之學生定位為準用技術生之規定,又與輪調式建教合作規定學生,在事業單位稱為技術生之規定相左,也造成輪調式建教合作教育之技術生定位模糊。

1985年為因應美髮業人力素質提升之需要,首次開辦美容科輪調式建教合作班,由高鳳工家進行試辦後,於1986年度正式核定辦理,開啟了服務業辦理輪調式建教合作教育之先河(林琴珠,2008)。至此建教合作有了全新面貌,配合產業變化,合作產業從單一的工業類,逐漸開放多元化產業來共同辦理。

(四)調整期(1988年迄今)

本時期已無重大制度面的改變,重點工作著重於學生的輪調訓練落實、學生的權益保障等。

1989年教育廳頒布「臺灣省加強建教合作實施計畫」,除了推廣輪調式建教合作,更鼓勵高職,從事生產性實習、服務性的實習、辦理短期技術教學訓練、應用企業之技術人力及設備與教學資源相交流,以及實施就業前的職前訓練等。期使透過本計畫擴大高職與業界交流,拉近學校與業界之間的距離(臺灣省政府教育廳,1988)。

1991年因應服務業發展需求,有辦理輪調式建教合作教育之需要,修定「加強高級職業學校輪調式建教合作(教育)實施要點」,修訂合作工廠為合作事業單位,以及高一新生基礎訓練之時數等規範(行政院,1991)。

康自立(1991)研究則指出,應加強輪調式建教合作之宣導,在制度面也建議:

1. 落實合作廠商的評估工作。
2. 檢討建教合作之辦理科別或廠商適切性。
3. 督導合作廠家依照訓練進度表及工作崗位輪調表執行訓練工作。

4. 行政單位宜定期／不定期訪視學校或合作廠商。

　　1993年，職業訓練局調整業務，不再參與相關輪調式建教合作之相關工作，有關事業單位評估及實際執行之訪視工作，均改由主管教育機關辦理。1996年教育部修訂《建教合作實施辦法》，將其中「全國性建教合作業務之設計與推行，得由教育部會同有關機關組成建教合作協調會報為之」之規定刪除。也因應服務業之快速發展，核准高雄縣中山工商與統一超商開辦商業經營科。輪調式建教合作班之學生一年級尚屬童工，依照《勞基法》規定，晚間八時後不得工作，主管機關僅允許依照《勞基法》規定於日間進行實習（林琴珠，2008）。

　　2004年頒布《高級職業學校建教合作實施辦法》，配合當時高職學分制實施，規範職場工作經驗採認學分、學生勞動條件回歸《勞基法》規定、學生簽訂技術生訓練契約、合作廠家退場機制等，保障了學生的勞動與享有基本工資的權利。建教合作教育經過三十餘年的發展與調整，教育制度已臻成熟。

貳、建教合作教育法令與規範

一、建教合作實施及建教生權益保障法

　　2004年頒布《高級職業學校建教合作實施辦法》，來規範高職階段辦理建教合作的相關事項，教育部並於2007年廢止了之前《建教合作實施辦法》，大專院校改以《專科以上學校產學合作實施辦法》來規範，此時已讓建教合作一詞，專指高職教育階段。目前建教合作一詞，在社會中仍被各級學校拿來使用，但其本質已然未能契合當前教育部的規範。例如某國立大學財務金融學系，在系上網頁就見到「學校與高屏地區金融與產業界建立建教合作關係，一直是本系努力的方向」、「合作之項目包括協助畢業生就業、學生暑假見習，進修推廣部學生工讀、實務性演講以及本系實務性老師協助金融機構職員招考及訓練」等詞句。檢視其內容，實際上應該是屬於大學產學合作的一種型態，並不符合當前教育部的建教合作法令

規範，應避免使用「建教合作」一詞爲宜。

2004年發布實施的《高級職業學校建教合作實施辦法》第2條指出，建教合作指高級職業學校就已辦理之職業類科或學程，與政府機關或合法立案、性質相關之事業機構、民間團體、學術研究機構等合作，辦理與學校教育目標有關事項。參與建教合作之學生，在建教合作機構稱爲技術生，而隨著本法於2017年廢止，而技術生一詞亦不再使用。

2017年改頒布《高級中等學校建教合作實施及建教生權益保障法》來周全規範學校辦理建教合作相關事宜。第3條名詞定義即指出建教合作是指職業學校、附設職業類科或專門學程之高級中學及特殊教育學校，與建教合作機構合作，以培育建教生職業技能爲目標之機制。學生於學校就讀，參加建教合作計畫，在一定期間內於建教合作機構接受職業訓練，領取一定生活津貼之在學學生，稱爲建教生。而建教合作機構則是指與學校簽訂建教合作契約，傳授建教生職業技能之事業機構。

現在建教生就是專指技術型高中就讀建教合作班的學生，到建教合作機構接受職業技能訓練，領取基本工資以上薪水的保障。

二、建教合作辦理模式

依據《高級中等學校建教合作實施及建教生權益保障法》，學校辦理建教合作得有以下三種模式：

（一）輪調式

學校與建教合作機構以二班爲單位實施輪調，一班在校上課，另一班在建教合作機構接受職業技能訓練。原則上學者皆建議以三三輪調爲宜，主要是考量學生不宜離開學校學習環境過久，以三個月較爲適宜。而站在合作廠家立場，建教生留在職場愈久，技能愈臻成熟穩定，部分產業一直積極爭取辦理六六輪調制。而二者觀點之差異，確實需要相互溝通與配合，取得一個平衡點。107學年度輪調式建教生人數13,141人，占建教生總人數之79.1%比率爲最多。

（二）階梯式

學校之一年級及二年級學生在校接受基礎及專業理論教育，三年級在

建教合作機構接受職業技能訓練。階梯式學生，已有二年專業理論及基礎技能，到合作機構時身心與技能都比較成熟，是值得推薦的模式。不過辦理此方式，部分學校反應有些學生一二年級無法入廠家，無法獲取薪酬，招生較不易。

（三）實習式

學校依各年級專業課程需求，在不調整課程架構之前提下，使學生於寒暑假或學期中至建教合作機構接受職業技能訓練。現況實習式建教生，大都配合產學攜手計畫，於高三下學期由學校辦理媒合，學生抽離進入建教合作機構接受技能訓練6至8週。

107學年度全國高級中等學校在學建教生總人數為16,610人，較105學年度建教生總人數15,735人，人數略增875人。但107學年統計人數中，係包含僑務委員會辦理之建教僑生專班建教生（105學年度1,359人，107學年度2,977人，增加1,618人）。若扣除僑生專班人數，本國籍建教生人數呈現減少743人的狀況。顯見本國籍建教生，隨著產業環境變化，出生人口數降低，選擇建教合作教育的人數逐年減少。

第三節　技藝教育與實用技能學程

本節從技藝教育的發展及沿革談起，再介紹實用技能學程及其相關法令。

壹、技藝教育發展沿革

一、技藝教育法令

臺灣於國民中學階段實施技藝教育，迄今已近五十年，期間變化不大。現行技藝教育係依據2015年修正發布《國民中學技藝教育實施辦法》來辦理，此法原名稱為《加強國民中學技藝教育辦法》。最早發布實施是1974年2月25日，期間於1982年、1999年及2008年配合教育制度而修法三

次。本法依《國民教育法》第7條之一，以及《技術及職業教育法》第10條第一項規定訂定之。

國民中學辦理三年級學生技藝教育，得依自辦式、合作式二者方式為之。自辦式是由國民中學獨立辦理，上課地點在國民中學內；合作式是由國民中學與鄰近之國民中學、技職校院、職業訓練機構或其他民間機構、法人、團體合作辦理，上課地點在國民中學或其合作單位內。

若是採自辦式辦理，僅能於班級正常上課時間，將參加技藝教育課程之學生單獨抽出至其他地點上課，原班級學生仍依課表上課；若是採合作式辦理，除了抽離式上課外，也可專案編班上課，將技藝教育學生集合編成一班上課。此項規定是要消除早期辦理技藝教育時，採專班上課，容易被當時升學主義盛行的社會氛圍及同校師生貼上「不喜歡讀書」的班級標籤。

技藝教育屬於職業試探教育，高級中等以下學校應開設或採融入式之職業試探、生涯輔導課程，提供學生職業試探機會，建立正確之職業價值觀。國民小學及國民中學之課程綱要，應納入職業認識與探索相關內容；高級中等學校及國民中學應安排學生至相關產業參訪。國民中學為實施職業試探教育，得與技職校院或職業訓練機構合作辦理技藝教育旨在加深學生生涯試探，培養學生自我探索、生涯探索、觀察模仿、模擬概念及實作技巧等五種核心能力，幫助學生未來生涯之發展。

換言之，技藝教育課程之實施是為了達成下列目標（教育部，2020b）：

（一）培養學生生涯發展之基本能力。

（二）由職群的實務學習中，加深對未來生涯之試探。

（三）培育人本情懷與統整能力。

（四）培養自我發展、創造思考及適應變遷的能力。

（五）建立正確的生涯價值觀及奠定生涯準備的基礎。

二、技藝教育實施

國中技藝教育課程之實施以國中三年級學生為辦理主體。技藝教育課

程的實施，在於落實多元智慧與適性發展的教育理念。課程規劃之內涵說明如下：基於職業試探的理念，課程主要為試探性質，實作多於理論，使學生可多一些實務之學習，以加深對職業生涯的認識，並培養對工作倫理與職業道德的認識。

技藝教育課程共規劃為14職群（醫護職群試辦中）。學校視學生興趣與需求應規劃開設1至4職群，提供參加技藝教育學生在國三上、下學期分別選修1至2職群。如果學生選修相同職群者，則以加深加廣及實作課程為主。

課程採抽離式上課者，學生每週以選修3節至12節為原則；採專班實施者，每週以選修7節至14節為原則。每班學生人數以15至35人為原則，採抽離式或專案編班上課。

學校若兼採自辦式及合作式，得依據教師及設備等教學資源現況，斟酌實際情形開班授課，而軟硬體資源不足部分，亦可商請鄰近學校／機構合作辦理。學校應參酌學生學習興趣與平日表現等，遴輔技藝表現優異或對技藝發展較具性向、興趣之三年級學生參加技藝教育。

參加技藝教育之學生，可優先升讀高中職實用技能學程；也可參與多元入學方案，升讀高中職及五專。

貳、實用技能學程

一、實用技能學程法令

技術型高中辦理實用技能學程，係依據「教育部國民及學前教育署補助高級中等學校辦理實用技能學程作業要點」來辦理，為補助高級中等學校辦理實用技能學程，強化學生實務技能及就業能力，培育基礎產業人力，並鼓勵學生適性選讀本學程，特訂定要點（教育部，2020c）。

本要點補助之對象，在學生方面係指就讀公、私立學校本學程，並具有中華民國國籍者。但其就讀學校係經本署指定辦理本學程專班者，得不受國籍之限制。就讀本學程學生免納學費，並就教育部公告之當學年度雜

費收費數額，免納雜費；在學校方面，則是辦理本學程之公立學校，其補助項目及基準爲開班費用（各年級以班爲單位之開班費用，包括鐘點費及行政費用）、輔導分發作業費用。

本學程學生招生方面，則以「高中職實用技能學程輔導分發作業要點」爲依據。輔導分發作業爲協助國民中學學生適性發展，輔導其升讀實用技能學程。實用技能學程招生對象爲公私立國民中學（包括高中附設國中部）畢（結）業生或具同等學力者。實用技能學程因課程及科別之特殊性，其學生來源範圍不受免試就學區規範。教育部則設全國輔導分發會統籌聯合分發業務。

實用技能學程，分成14個群，58科別，其群別與科別對照如下表4-3所示。

二、實用技能學程職涯體驗

爲落實實用技能學程務實致用精神，規定實用技能學程在學期間，應辦理職涯體驗課程。實施方式得採：

1. 校外職場參觀：於上課期間辦理，半日活動最高採計爲4節，全日活動最高採計爲7節。
2. 業界專家授課：於上課期間邀請業界專業人士至校協同授課。日間上課班級授課時數不得超過每學期應上課節數三分之一，且每位業界專家授課總節數不得超過6節；夜間上課班級授課時數不得超過每學期應上課節數三分之二。

夜間上課班級，學生得以在學期間之職場經驗抵免，惟職場經驗需與所就讀科別相關之行業，且不得重複採計學分，並於每學期初，依學校規定期程提出申請。

職涯體驗以第二年段學期中開設爲原則，每學期各1學分或一學期2學分，其方式及內容應規劃於課程計畫中。學校應於教學大綱主要單元中敘明實施方式、內容細項中敘明活動內容、於備註欄中敘明校外職場參觀地點或業界專家授課師資、服務單位及職稱。其辦理職涯體驗所需之師生租

✿表4-3　實用技能學程群別科別對照表

群別	科別
一、機械群	1.機械板金科　2.模具技術科　3.機械加工科 4.機械修護科　5.鑄造技術科　6.電腦繪圖科*
二、動力機械群	1.汽車修護科　2.機車修護科　3.塗裝技術科 4.汽車電機科
三、電機與電子群	1.水電技術科　2.家電技術科　3.視聽電子修護科 4.電機修護科　5.微電腦修護科　6.冷凍空調技術科
四、土木與建築群	1.營造技術科　2.電腦繪圖科*
五、化工群	1.化工技術科　2.染整技術科*
六、商業群	1.文書處理科　2.商業事務科　3.銷售事務科 4.商用資訊科　5.會計實務科　6.廣告技術科* 7.多媒體技術科*
七、設計群	1.金銀珠寶加工科　2.金屬工藝科　3.廣告技術科* 4.服裝製作科　5.流行飾品製作科　6.裝潢技術科 7.竹木工藝科　8.多媒體技術科*　9.染整技術科*
八、農業群	1.農業技術科　2.園藝技術科　3.造園技術科 4.寵物經營科　5.畜產加工科*　6.休閒農業科 7.茶葉技術科
九、食品群	1.烘焙食品科*　2.食品經營科　3.水產食品加工科* 4.畜產加工科*
十、美容造型群	1.美髮技術科　2.美顏技術科　3.美容造型科 4.美髮造型科
十一、餐旅群	1.觀光事務科　2.餐飲技術科　3.旅遊事務科 4.烹調技術科　5.中餐廚師科　6.烘焙食品科*
十二、水產群	1.水產養殖技術科　2.漁具製作科　3.休閒漁業科 4.水產食品加工科*
十三、海事群	1.船舶機電科　2.海事資訊處理科
十四、藝術群	1.影劇技術科　2.表演技術科

*表該科別各校可自行視情況選擇所屬群別
資料來源：實用技學學程資訊網https://www.vesc.tw/modules/tadnews/page.
　　php?nsn=9

車費、業界專業人士授課鐘點費及交通費,學校得以實用技能學程相關經費項下支應。期望藉由此職涯體驗課程,協助學生實地體驗業界工作環境及模式,增進對未來職涯規劃的能力。

參　考　書　目

江文雄（1999）。**技術及職業教育概論**。師大書苑。

行政院（1991）。加強職業學校輪調式建教合作教育訓練實施要點。80年10月23日行政院臺80教字第33541號函修正。

林琴珠（2008）。**高職輪調式建教合作教育制度與改進之研究**。國立臺灣師範大學工業教育學系博士論文，臺北市。取自https://hdl.handle.net/11296/t778xz

唐智（1967）。建教合作之理論與實施。**國防建設論文集，213**。

唐智（1986）。**建教合作通論**。國立編譯館。

國民中學技藝教育實施辦法（民國104年12月16日）。

康自立（1985）。建教合作教育之探討。**師大學報，30**，179-206。

康自立（1991）。**職業學校輪調式建教合作教育訓練評估之研究**。教育部技職司專案研究。

教育部（2018）。**中華民國技術及職業教育簡介**。作者。

教育部（2020a）。教育部建教合作網。取自http://140.122.79.150/coedu/Cooperation/index

教育部（2020b）。國民中學技藝教育資訊網。取自https://skillsedu.me.ntnu.edu.tw/Home.aspx

教育部（2020c）。實用技能學程資訊網。取自https://www.vesc.tw/

教育部國民及學前教育署補助高級中等學校辦理實用技能學程作業要點（民國106年6月15日）。

臺灣省政府教育廳（1988）。臺灣省加強建教合作實施計畫。1988年8月31日臺灣省政府教育廳七七教三字第07944號函。

羅大涵（1986）。高工輪調式建教合作實施與檢討。工業職業教育雙月刊，**4**(1)，頁32-33。

第五章 臺灣技術及職業教育課程、發展與變革

　　世界技職教育與訓練主要有美國與德國模式，美國模式是以「技職學校」爲主體，透過購置設備、引進技術業師、產學合作（如建教合作、產學訓專班）等措施，強化學生實作能力；德國模式則主要爲雙軌制（dual system），係由事業單位招收國中畢業生，依據勞動法規簽訂學徒契約，開始業界師徒制培訓，再定期送到職業學校接受相關教育，德國模式除了是法制化外，學徒永遠是「在業界學技術、在學校學國民基本課程及專業相關課程」，實務面上不會產生學用落差（黃偉翔，2017）。而臺灣的職業教育係延續日治時期發展的規模來發展，國民政府接手治理後，採納美國職業教育學者的建議，以美國模式進行職業教育課程規劃。隨著受到經濟發展、產業變遷，以及教育思潮從能力本位、生涯教育轉向到素養導向及終身學習的演進，職業教育課程歷經單位行業課程（Unit Trade Program）、能力本位課程（Competence-based Occupational Curriculum）、職業群集課程（Cluster-Based Occupational Curriculum）、建教合作教育（Cooperative Education）、綜合高中（Comprehensive Senior High School）課程、技職一貫課程（coherent curriculum of technological and vocational education）及與結合十二年國民基本教育課程等不同階段的演變，培育出無數臺灣經濟建設與發展所需專業技術人力。據此，本章首先闡述臺灣的職業教育課程，透過職業教育課程發展沿革、職業教育的課程內涵、技術型高中課程創新等來了解其發展歷程；其次，從臺灣的技職教育體系、技術型高中的行政組織等來說明職業教育行政與發展，以了解技職教育政策的制定與落實的脈絡。最後，縱向銜接職業教育階段的高等技職教育二十多年來蓬勃發展，但也遭逢許多問題與挑戰，因此透過技專校院發展與轉型、技專校院問題與變革的探究，來梳理技專院校之轉型與變革等攸關技職教育未來發展的重要議題。

第一節　職業教育課程與創新

壹、職業教育課程發展沿革

　　1945年8月，日本戰敗投降，國民政府接手日本殖民政府治理後，進行學制調改採中國學制，將中等教育分為中學教育、師範教育及職業教育等三類，並自1946年8月起實施高、初級三三制，並進行課程調整。就職業教育而言，由於初期並無部頒職業學校課程標準可供依循，造成各校課程分歧紊亂，因此臺灣省教育處先頒布《1945學年度第二學期本省省立各職業學校舊生教學科目及每週教學時數調整綱要》，規定每週教學總時數為42小時，包括講授30小時、實習12小時，以供遵循（歐素瑛，2010）。1936年依實際需求，訂頒《編訂職業學校教學科目及每週教學時數表原則》，重點在於加強重視實習，每週實習時數根據職業學校類別上有所不同，如農業職業學校不得少於18小時、工業職業學校（以下簡稱工職）不得少於24小時；高級商業職業學校不得少於8小時，初級商業職業學校不得少於6小時；水產及家事（家政）職業學校，由各校視實際需要，自行擬定陳核（莊金德，1970）。

　　直至1951年，因為課程標準的必要性及舊有課程教材的缺失必須改善，臺灣省教育廳根據美國職業教育學者建議，頒布《暫行各類職業學校課程標準》，分為初級與高級職業教育兩階段，美國並開始對工職展開援助；1955年由8所工職開始推動自美國所引進的單位行業訓練課程，以實務為導向，課程內容對準產業界的需求。前述所謂單位行業訓練課程，係指針對某一種特定單位行業需要人力而設計，以傳授可立即就業的技術能力與行業專門理論為主的職業課程（江文雄，1999）。1958年教育部首度委託臺灣省立師範大學工業教育學系辦理第一次大規模的全省工業職業調查，作為設立科別的依據，以及該行業所需具備的技能內涵，作為課程修訂的依據。教育部根據以上工業職業調查結果、第四次全國教育會議的建議與改進意見、各國職業教育制度及發展趨勢，於1964學年度，頒布

《各類職業課程標準》正式全面實施單位行業訓練課程教學，用以改善以往偏重理論，忽略技能訓練之教學活動，並透過強化技能訓練，以計畫性培育臺灣經建發展所需基層技術人力（李大偉、王昭明，1989；楊朝祥，2007）。鑒於產業變遷與技術進步，課程已不符合當時社會需求，教育部於1974年度對課程標準進行小幅修改，至此可見單位行業訓練課程是國民政府治理後臺灣的高級職業教育的課程主流。

　　然而，由於1973至1980年間兩次石油危機，造成世界經濟景氣低迷，及新興工業化國家加入競爭，實施三十多年的單位行業訓練課程已無法滿足業界人力需求，造成職業教育課程改革的呼聲四起。教育部逐引進美國職業群集教育概念進行課程修訂。所謂群集課程，康自立（2000）指出：

　　　　「群集課程」為職業教育課程的一種型態；學生從此種課程所學的，不是從事某一單位行業所需的知識和技能，而是一個群集職業，也就是一群工作性質、工作環境極為相近的職業所共同必需的知識和技能。此種形式的訓練可以使學生適應現代科技變遷的需要，同時也能適應將來職業變更的需求。

　　正因為群集課程可修正前述單位行業訓練課程的缺失，教育部於1986年公布《高級職業學校課程標準》，採取甲、乙二類雙軌式課程提供學校選擇。其中甲類課程為職業群集課程，強調學生適應變遷及自我發展能力之培養，採取先廣泛而後專精的原則來規劃課程，以符合基礎、專業且實用的需求，如工職類科整併為電機與電子、機械、化工、土木建築及工藝等五群來發展課程；乙類課程為單位行業訓練課程，以提升單位行業之技術水準為目標，強調專業技術之養成。當時期另一重大職業教育改革是臺灣省教育廳提出的「能力本位教學」也是影響高職教學的另一個重要的政策，所謂的能力本位教學，是在課程制定前，透過市場調查，了解產業界人才需求的類別後，藉由職能分析各類人才所需具備的技能項目與內涵，

進而訂定其所需達成的技能水準（楊朝祥，2007）。教育部為改善學時制及留級的缺失，落實能力本位的教育理念，1998年公布《職業學校課程標準暨設備標準》，將職業教育課程區分為七大類15群70科，採行學年學分與能力本位的精神，課程內涵由單位行業訓練課程全面進入群集課程階段，於2000年正式實施，提供學生適性的課程及教學來適應個別差異。

2002年，教育部於國民教育階段實施「國民中小學九年一貫課程」，為使畢業生能順利銜接高職課程，於2005年公布《職業學校群科課程暫行綱要》，2006年實施。此次課程規劃特色為加入群核心課程概念，並調整實習科目學分數，提供校訂選修空間，使各校得因應地方產業發展及學生多元適性需求，採學校本位方式來規劃課程，藉以形塑各校辦學特色。緊接著2008年課綱進行微調，修訂為《職業學校群科課程綱要》，並於2010年正式實施。課綱延續2005年課綱設計精神，應用「多元彈性」的設計，以因應群科特性，學校可藉此透過增加開設專業及實習科目學分數，以提高學生專業技術能力。

最近一次的課程課程修訂是因應教育部實施的十二年國民基本教育，於2003年將《高級中學法》及《職業學校法》整併為《高級中等教育法》，並頒布《十二年國民基本教育課程總綱》，將高級職業學校改稱「技術型高級中等學校」，並於2019年公布《十二年國民基本教育技術型高級中等學校群科課程綱要》，同年正式實施。就研修理念而言，技術型高中群科課程綱要除延續前述職業學校群科課程綱要的「務實致用」理念，以及「能力本位」、「學校本位發展」、「群科專業特色」等原則及精神進行課程規劃外，強調「學生主體」、「適性揚才」、「終身學習」、「務實致用」及「職涯發展」之基本理念，且規劃各群之部定技能領域課程，提升學生專業實務技能，俾利於適應未來產業變化之職涯轉換境況（教育部，2019），詳細課程內涵將於後詳述。

✿表5-1 職業教育課程發展歷程

實施	名稱	特點		說明
1951學年度	暫行各類職業學校課程標準	初級	以培養各種初級技術人員為主,其課程應注重實際技能訓練	·1951年教育部陸續公布施行各類職校暫行課程標準 ·美援教育開始對工職援助 ·陸續推動單位行業課程
		高級	以培養各種中級技術人員為主,其課程應注重實際技能訓練外,並兼顧基本理論之講述	
1964學年度	各類職業課程標準	實施單位行業訓練課程教學,用以改善以往偏重理論,忽略技能訓練之教學活動,積極培育經建發展所需基層技術人力		
1974學年度	各類職業課程標準	小幅修改		·專科學校改招高職生 ·成立技術學院招收專科生
1986學年度	高級職業學校課程標準	工業類單位行業訓練課程改為職業群集教育課程,分甲、乙兩類課程		分類陸續公布 ·甲類課程強調學生適應變遷及自我發展能力之培養 ·乙類課程強調專業技術之養成,以提升技術水準
2000學年度	高職新課程標準	高職分成7大類70科		工業類採群集精神設計
2006學年度	職業學校群科課程暫行綱要暨設備標準	依專業屬性分15群,規劃群核心課程,強化學校本位課程		定位暫行綱要

實施	名稱	特點	說明
2010學年度	職業學校群科課程綱要暨設備標準	「多元彈性」以因應群科特性，學校增加開設專業及實習科目學分數以提升學生專業技術能力	・原訂2009學年度實施
2019學年度	十二年國民基本教育技術型高級中等學校群科課程綱要	・配合「十二年國民基本教育」之教育目標，進行課程之規劃 ・規劃各群部定技能領域課程，以能力本位觀點，分析職業分類典後，導出科共通性基礎技能，奠定學生基礎實作技術能力	・原訂2018學年度實施

資料來源：修改自教育部技術與職業教育司（2005）、教育部（2019）。

貳、職業教育的課程內涵

　　臺灣自2014年開始實施十二年國民基本教育，教育部於2014年頒布《十二年國民基本教育課程綱要總綱》，同步推動課程改革。在總綱基本理念引導下，明訂：（一）啟發生命潛能；（二）陶養生活知能；（三）促進生涯發展；（四）涵育公民責任等四項總體課程目標，而技術型高中課綱與群科課程與綜合型高中悉依此目標進行規劃與發展。另《高級中等教育法》於同年8月1日施行後，明訂後期中等教育階段高級中等學校分為四大類型，其中實施職業教育課程主要包括：（一）技術型高級中等學校（以下簡稱技術型高中）：提供一般科目、專業科目及實習科目課程，協助學生培養專業實務技能、陶冶職業道德、增進人文與科技素養、創造思考及適應社會變遷能力，奠定生涯發展基礎，提升務實致用之就業力。（二）綜合型高級中等學校（以下簡稱綜合型高中）：提供一般科目及專

精科目的課程，協助學生發展學術預備或職業準備的興趣與知能，使學生了解自我、生涯試探，以期適性發展（教育部，2014a）；此外，另有高級中等學校進修部、實用技能學程、建教班合作班、產學攜手合作計畫專班、國中技藝教育學程等不同形式來實施職業教育。限於篇幅限制，以下以技術型高中爲主，透過課程架構與群科課程規劃兩部分來說明現行職業教育的課程內涵。

一、技術型高中課程綱要與架構

技術型高級中等學校課程類別分爲部定必修及校訂課程，部訂必修包括部定一般科目（66-76學分）、部定專業及實習科目（45-60學分），校訂課程包括校訂一般科目、校訂專業及實習科目（44-81學分）等共計四大類別項目。此外，課綱並規劃團體活動時間（12-18節）及彈性學習時間（6-12節），藉以豐富技術型高中學生的學習經驗，並引導其適性發展與自主學習，整體課程架構如圖5-1所示。

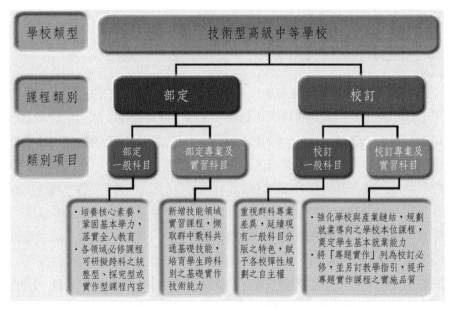

✿圖5-1　技術型高中課程架構

資料來源：教育部（2019）

　　上述技術型高中在新課綱的課程規劃設計上，部定一般科目之領域／科目名稱與普通型高中皆相同，強調核心素養為課程發展主軸，但普通型高中部定一般科目計118學分，技術型高中只有66-76學分，且技術型高中在數學、社會、自然科學、藝術、綜合活動與科技等領域／科目之學分，部分授權學校可彈性選擇科目開設，校訂科目中，各校須訂定2-6學分專題實作為校訂必修科目。

二、技術型高中群科課程規劃

　　現行技術型高中共計分為七大類、14群，各群類別下並設有不同科別（如表5-2所示），各群科課程規劃與發展均依據圖5-1之課程架構來進行規劃。技術型高中與普通型高中課程最大的差異就在於「專業科目和實習科目」。

❀表5-2　技術型高中群科一覽表

類別	群別	適用科別
工業類	機械群	機械科、鑄造科、板金科、機械木模科、配管科、模具科、機電科、製圖科、生物產業機電科、電腦機械製圖科
	動力機械群	汽車科、重機科、飛機修護科、動力機械科、農業機械科、軌道車輛科
	電機與電子群	資訊科、電子科、控制科、電機科、冷凍空調科、航空電子科、電子通信科、電機空調科
	土木與建築群	建築科、土木科、消防工程科、空間測繪科
	化工群	化工科、紡織科、染整科、環境檢驗科
商業類	商業與管理群	商業經營科、國際貿易科、會計事務科、資料處理科、電子商務科、流通管理科、農產行銷科、航運管理科、水產經營科、不動產事務科
農業類	農業群	農場經營科、園藝科、森林科、野生動物保育科、造園科、畜產保健科
	食品群	食品加工科、食品科、水產食品科、烘焙科

類別	群別	適用科別
家事類	家政群	家政科、服裝科、幼兒保育科、美容科、時尚模特兒科、流行服飾科、時尚造型科
	餐旅群	觀光事業科、餐飲管理科
海事水產類	水產群	漁業科、水產養殖科
	海事群	輪機科、航海科
藝術與設計類	藝術群	戲劇科、音樂科、舞蹈科、美術科、影劇科、西樂科、國樂科、電影電視科、表演藝術科、多媒體動畫科、時尚工藝科、劇場藝術科
	設計群	家具木工科、美工科、陶瓷工程科、室內空間設計科、圖文傳播科、金屬工藝科、家具設計科、廣告設計科、多媒體設計科、室內設計科、多媒體應用科、美術工藝科

　　以電機電子群（以下簡稱本群）為例，部定群共同專業科目為「基本電學」、「電子學」，群共同實習科目為「基本電學實習」、「電子學實習」，另依科別不同各科有部定6-12學分的專業科目及18學分的實習科目。本群各科適用技能領域為必修課程，技能領域所包含之科目均需開設。例如：資訊科、電子科、航空電子科及電子通信科三年內須開設晶片設計技能領域（程式設計實習、可程式邏輯設計實習、單晶片微處理機實習）等3科目、微電腦應用技能領域（行動裝置應用實習、微電腦應用實習、介面電路控制實習）等3科目；控制科及電機科需於三年內開設自動控制技能領域（電工實習、可程式控制實習、機電整合實習）等3科目、電機工程技能領域（智慧居家監控實習、電力電子應用實習、電工機械實習）等3科目；冷凍空調科及電機空調科需於三年內開設電機工程技能領域（智慧居家監控實習、電力電子應用實習、電工機械實習）等3科目、冷凍空調技能領域（能源與冷凍實習、能源與空調實習、節能技術實習）等3科目，詳如表5-3所示。

　　其次，技術型高中校訂課程部分，依據「高級中等學校課程規劃及實施要點」的學校規劃選修課程原則，技術型高中各校應提供學生跨班自由

❁ 表 5-3　電機電子群各科之訂定專業科目、實習科目及適用技能領域一覽表

科別	群共同專業科目	專業科目	群共同實習科目	實習科目	適用技能領域	合計修習學分數
電機科 控制科	基本電學(6) 電子學(6)	電工機械(6)	基本電學實習(3) 電子學實習(6)	電工實習(3) 可程式控制實習(3) 機電整合實習(3) 智慧居家監控實習(3) 電力電子應用實習(3) 電工機械實習(3)	自動控制技能領域(9) 電機工程技能領域(9)	45
冷凍空調科 電機空調科		電工機械(6) 冷凍空調原理(6)		智慧居家監控實習(3) 電力電子應用實習(3) 電工機械實習(3) 能源與冷凍實習(3) 能源空調實習(3) 節能技術實習(3)	電機工程技能領域(9) 冷凍空調技能領域(9)	51
資訊科 電子科 航空電子科 電子通信科		數位邏輯設計(3) 微處理機(3)		程式設計實習(3) 可程式邏輯設計實習(3) 單晶片微處理機實習(3) 行動裝置應用實習(3) 微電腦應用實習(3) 介面電路控制實習(3)	晶片設計技能領域(9) 微電腦應用技能領域(9)	45

註：（ ）內為開設學分數

選修課程，學校開設之選修總學分數，應達學生應修習選修學分數之1.2-1.5倍，並可採「同科單班、同科跨班、同群跨科或同校跨群方式開課」。其中，「同科跨班」開課可培養學生專精能力，使學生具備產業專精能力；而「同群跨科」可培養學生多元能力，使學生具備多元專業能力；而「同校跨群」則可培養學生跨域能力，使學生具備跨域整合能力（林清南，2020）。據此，各校群科可在校訂科目學分範疇內，依據學校特色、職場需求及學生生涯發展等，就其專業屬性及職場發展趨勢研訂各科的專業能力，發展以學生可跨班、跨科、跨群自由選修之校訂課程（包括校訂一般科目、校訂專業及實習科目），以形塑各校群科之差異特色。

綜而言之，為朝「成就每一個孩子—適性揚才、終身學習」的教育願景努力，技術型高級中等學校在課程架構研訂重點上，以108課綱總綱六大特色為基礎，強調十二年國教核心素養導向之精神，深化學生一般科目基本能力，並重視課程與其他教育階段之縱向銜接及群科橫向統整。其次，特別強調技職教育務實致用之教育理念，提高各群部定實習科目比例、強化校本特色與導入產業鏈結，以精進學生專業實務技能，培養學生未來就業競爭力及奠定銜接技專校院之學習基礎。最後，整合課程實施的各項配套措施，有利於未來課程改革之推動及落實。

參、技術型高中課程創新

綜觀技術型高中在108課綱的課程規劃設計，共有幾項創新與特色，茲分述如下：

一、以全人教育為根基的職業教育

無論是技術型高中或是綜合型高中專門學程，與普通型高中一體適用總綱中「自主行動必須具備身心素質與自我精進、系統思考與解決問題、規劃執行與創新應變等素養；溝通互動中必須具備符號運用與溝通表達、科技資訊與媒體素養、藝術涵養與美感素養；社會參與中必須具備道德實踐與公民意識、人際關係與團隊合作及多元文化與國際理解等素養。」

（教育部，2014a）。而在技術型高中的領綱中，亦以「學生主體、適性揚才、終身學習、務實致用及職涯發展」等五個共同方向為教育理念（《十二年國民基本教育技術型高級中等學校群科課程綱要－電機與電子群》，2018）（以下簡稱「電機與電子群課綱」）。由此可見，職業教育的目標就是全人教育，要學生能終身學習，並學得不可或缺的專業知識、技能及態度，培養公民自主、具有職業倫理、符應職場需求的優質產業達人（張國保，2019）。

二、以務實致用為群科的共同理念

「務實致用」是職業教育的核心理念，依據《高級中等教育法》、《技術及職業教育法》、《技術及職業教育綱領》，108課綱強調技術型高中的「理論與實務並重、兼顧教學與實習」之精神，應參考各類群科產業從業人員所需專業知識與實務應用之相關技能，讓學生將所學知能運用於工作，縮短學用間落差。以《十二年國民基本教育技術型高級中等學校群科課程綱要──電機與電子群》（以下簡稱「電機電子群課綱」）為例，與務實致用相關之理念即「強化學生使用儀器或專業技術資料應用、故障診斷分析，養成技術維修與技術服務之實作能力，並依人工智慧、最新產業技術與發展，強化學生實務技能，充分鏈結相關產業。」在其他各群也均有類似的基本共同理念。據此可知，各群科課程綱要中「務實致用」的共同理念，均是要來落實《技術及職業教育政策綱領》中「以培養具備實作力、創新力及就業力之專業技術人才」之願景。

三、強化群科專業領域和科目的定位

早期的職業教育課程無論是單位行業訓練課程抑或職業群集課程，學生的學習只要能滿足該單科或群的技能目標，對於跨學科、跨領域甚至跨行業的專業知識、技能、態度的涵養等落實均有明顯不足。雖然2006年的實施的《職業學校群科課程暫行綱要》，將各類科屬性及性質較相近者整合成「機械群、動力機械群、電機與電子群、土木與建築群、化工群、水產群、農業群、海事群外語群、餐旅群、家政群、食品群、商業與管理

群、設計群、藝術群」等15群。可惜因相關配套不及，「虛群實科」的模式所培育的學生仍無法滿足進入職場需求所需具備的相關知能（張國保，2019）。據此，本次修訂在《高級中等教育法》、《技術及職業教育法》針對群科設立有更明確的規定。另以工業類「電機電子群課綱」為例，除部定語文領域等9個一般科目外，專業科目含基本電學、電子學、數位邏輯設計、微處理機、電工機械及冷凍空調原理等6個領域／科目，部定實習科目以基本電學實習與電子學實習二領域／科目為群各科共同實習科目，上述科目於電機電子群內所屬的資訊科、電子科、控制科、電機科、冷凍空調科、航空電子科、電子通信科及電機空調科等8個科別都應修習；另有部定晶片設計技能領域、微電腦應用技能領域、自動控制技能領域、電機工程技能領域、冷凍空調技能領域等5個技能領域，由電機電子群之各科適用二個同群跨科之技能領域模組，此項改革後的課程結構，相信確能讓學生的專業與實作學習更往前邁進。

四、以能力導向的技能領域課程設計

技術型高中各專業群科均訂有部定群專業科目和實習科目，而此次新課綱與過去課綱比較大的變化就是部定群實習科目增加以能力導向（compentence-based）的「技能領域課程設計」，係以我國現行之職業分類典進行群內科別間之職能分析，尋求科與科之間所應培育之共通性基礎技能，注重學生在三年學習後應具備的技術能力（田振榮、李懿芳、張嘉育，2017）。

針技能領域課程而言，技術型高中十二年國教課綱專業群科課綱研修小組規劃二種技能領域發展模式，提供各群參考使用（田振榮等人，2013）。如圖5-2模式一適用於科別屬性與職業相關程度較高，且群中各科之間有較明確的小群集者，如電機與電子群、機械群、農業群等三群；此模式係以職能分析為基礎，從職業分類典引導形成群中群之技能組合（李懿芳、胡如萍、田振榮，2017）。而如圖5-3之模式二則適用於群內所屬科別少，或彼此間對應的職類相關程度較弱者，如外語群、餐旅群、水產群、海事群等四群；這些群內各科之間分殊性大，不易找到科與科之間可

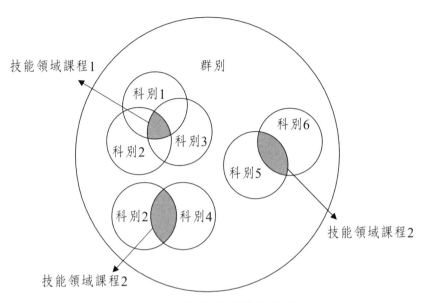

✿圖5-2　技能領域發展模式一

資料來源：田振榮等（2013）

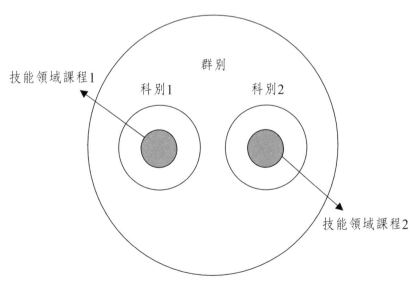

✿圖5-3　技能領域發展模式二

資料來源：田振榮等（2013）

直接對應的職業工作項目，且這些群內大都僅有二個科別，故在技能領域的發展上係以該群各科的核心基礎技能為主。

五、專題實作從部定必修到到校訂必修

為培養學生就業能力，必須在學校期間就能學習到職場所需具備專業知能，因此在2006年實施的《職業學校群科課程暫行綱要》中，即將「專題實作」明定為部定專業必修科目，希望透過專題實作課程的規劃設計，使學生能將其在各領域或科目所學到之知識、技能加以整合，將理念性的構思透過動手與動腦製作，完成具體的實物模型、研究論文或設計理念成品（張國保，2019）。經過十多年的實施，確實有達成前述職業教育各群科「務實致用」共同理念。為擴大成效，讓各校、各群科有更大彈性以及創意空間，課綱研發小組決議將部定「專題實作」課程，調整為部定校訂「專題實作」課程，並訂定教學指引以為各校據以施行（教育部，2014a）。以上專題實作科目從部定必修到到校訂必修的變革，並非否定該課程的重要性，藉此基於學校本位課程的思維與理念，最主要目的是讓各校有更大的空間來構想符合學校資源、區域產業特色與師生創意需求的「專題實作」課程，而此課程更能發揮創新性與自主性，培育學生理論與實際相結合的動手實作能力。

第二節　職業教育的行政與發展

教育行政範圍分為狹義與廣義的教育行政，狹義的教育行政係指政府主管教育行政機關所實施的行政作為；廣義的教育行政則尚包括其他教育機關，例如學校或社會教育機構為達教育目的所實施的行政作為。

壹、臺灣的技職教育行政體系

臺灣的教育行政體系，如圖5-4所示，最高掌理機構為行政院，其下設有教育部主掌全國教育工作。就技職教育行政系統而言，教育部設技術及

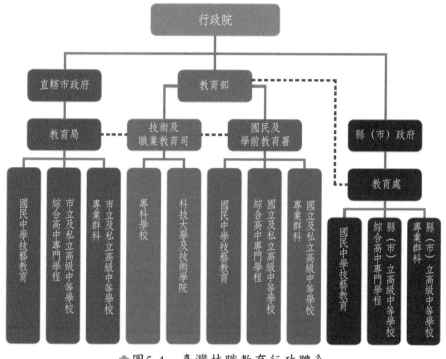

✿圖5-4　臺灣技職教育行政體系

資料來源：教育部（2017a）

職業教育司（簡稱「技職司」）負責掌理全國技職教育政策與業務，並直接主管及督導科技大學、技術學院及專科學校等學校。而直轄市之市政府教育局，則負責掌理督導轄內市立與私立高級中等學校所辦理職業教育相關事項。另教育部國民及學前教育署負責督導中等教育階段之國立高級中等學校及非直轄市之私立高級中等學校。縣（市）政府教育處負責掌理督導轄內縣（市）立高級中等學校之職業教育及國民中學之技藝教育等事項（教育部，2017a）。以下依序分別說明技職教育各主管教育行政機關的組織與執掌。

一、教育部技術及職業教育司

教育部技職司為全國技職教育最高行政主管機關，置司長1人，綜理

司務，副司長1人，襄理司務。其下設四科，分別為綜合企劃科、學校經營科、產學合作發展科、教學品質及發展科。各科職掌如下：

（一）**綜合企劃科**

　　1. 技專校院招生。

　　2. 技專校院總量管制。

　　3. 產學攜手合作計畫。

　　4. 技職教育諮詢會、政策綱領。

　　5. 人力培育專案

　　(1) 開放式大學多元專長培力課程。

　　(2) 產業碩士專班。

　　(3) 五專P-TECH。

　　(4) 國手技能精進案。

　　(5) 技優領航計畫。

　　(6) 護理、長照、藝術人才培育。

　　(7) 原住民技職教育。

　　6. 技職之光、技職教育貢獻獎、資深技藝師傅表揚及總統教育獎。

　　7. 補助學生出國參加競賽及補助學校辦理競賽、發明展接見、TDK盃競賽。

　　8. 專科學校畢業程度自學進修學力鑑定考試。

　　9. 十二年國教、課綱、職業試探及宣導、技職教育課程分組政策。

　　10. 技職教育相關法規、職能專業課程方案、職訓機構辦理職業繼續教育。

（二）**學校經營科**

　　1. 大專校院轉型及退場方案政策規劃與相關事宜。

　　2. 技專校院教師及職員相關權利義務及陳情事宜。

　　3. 私立專校院獎補助事宜。

　　4. 技專校院校務經營及務管理。

　　5. 技專校院董事會經營及管理。

　　6. 技專校院合併相關事宜。

　　7. 技專校院改名、改制及更名作業。

　　8. 教育部優化技職校院實作環境計畫。

　　9. 校園安全及總務相關事宜。

（三）**產學合作發展科**

　　1. 產學合作。

　　2. 技職體系課程。

　　3. 高等教育深耕計畫。

　　(1) 主冊計畫。

　　(2) 大學社會責任實踐計畫（USR）。

　　(3) 特色領域研究中心。

　　4. 學生校外實習。

（四）**教學品質及發展科**

　　1. 技專校院評鑑。

　　2. 技專校院弱勢學生助學措施。

　　3. 提升技專校院國際化。

二、直轄市之市政府教育局

　　臺灣現行共有六個直轄市，由北至南是臺北市、新北市、桃園市、臺中市、臺南市、高雄市等，在原省轄市升格直轄市後，除國立大學附屬學校外，原新北市、臺中市、桃園市等直轄市內國立高級中等學校分別於2012年、2017年、2018年改隸市政府，相關業務管轄也一併移撥，只剩臺南市、高雄市境內國立高級中等學校因經費問題尙未改隸。就職業教育相關事項的專責單位而言，在臺北市政府教育局爲中等教育科，新北市政府教育局爲技職教育科，負責技術型高級中等學校教育及其他技職教育等事項；桃園市政府教育局爲高級中等教育科，臺中市政府教育局爲高中職教育科，臺南市政府教育局爲課程發展科，高雄市政府教育局爲高中職教育科。由上述主政部門來看，對於轄內市立與私立高級中等學校所辦理職業教育相關事項部分，新北市政府成立專責部門，臺北市政府教育局、桃園市政府教育局、臺中市政府教育局、高雄市政府教育局則統籌在中等教育

科、高級中等教育科或高中職教育科負責，只有臺南市政府教育局採行功能分組的方式於課程發展科辦理相關業務。

三、教育部國民及學前教育署

　　教育部前身爲臺灣省政府教育廳、教育部中部辦公室，2013年教育部爲配合中央政府組織改造，特整併中教司、技職司、國教司、訓委會、特教小組、環保教育小組及中部辦公室等單位之相關業務，設置三級機關「教育部國民及學前教育署」（簡稱國教署）分設四組四室，專責掌理高級中等以下學校教育政策、制度之規劃、執行及督導，並協調及協助地方政府辦理國民及學前教育共同性事項。就職業教育相關事項而言，在臺灣省政府教育廳、教育部中部辦公室時期爲第三科主政，負責執行職業教育政策並督導所屬學校。教育部國教署目前設有署長1人，副署長2人，其下設四組，分別爲高級中等教育組、國中小教育組、學前教育組、原民特教組、學務校安組，業務職掌如下：

（一）高級中等以下學校與學前教育政策、制度之規劃、執行與督導，及相關法規之研修。

（二）各類型高級中等學校一般教育事項之規劃、執行及督導。

（三）國民中學與國民小學一般教育事項之規劃、執行及督導。

（四）學前教育一般教育事項之規劃、執行及督導。

（五）高級中等以下學校與學前教育階段特殊教育事項之規劃、執行及督導。

（六）高級中等以下學校與學前教育階段原住民族及少數族群教育事項之規劃、執行及督導。

（七）高級中等以下學校與學前教育階段校園安全事項之規劃、執行及督導。

（八）高級中等以下學校與學前教育階段學校衛生事項之規劃、執行及督導。

（九）其他有關高級中等以下學校及學前教育事項。

　　其中，有關執行職業教育政策並督導所屬學校部分由高級中等教育組

負責，範圍包括中等教育階段之國立高級中等學校及非直轄市之私立高級中等學校。

貳、技術型高中的行政組織

　　技術型高中的行政組織設立之法源依據為《高級中等教育法》（以下簡稱本法），以及依本法第24條第一項規定訂定之《高級中等學校組織設置及員額編制標準》，以下從學校設立、校長任用、組織編制、組織系統及校務會議等，說明技術型高中的行政組織現況。

一、學校設立

　　依據《高級中等教育法》第4條規定，公立技術型高中由中央政府、直轄市政府、縣（市）政府設立，或由私人依《私立學校法》設立私立技術型高中。

　　技術型高中依其設立之主體為中央政府、直轄市政府、縣（市）政府或私人，分為國立、直轄市立、縣（市）立或私立；其設立、變更或停辦，依下列規定辦理：

（一）國立：由中央主管機關核定。

（二）直轄市立：由直轄市主管機關核定後，報中央主管機關備查。

（三）縣（市）立：由縣（市）主管機關核定後，報中央主管機關備查。

（四）私立：在直轄市由直轄市主管機關核定後，報中央主管機關備查；
　　　　　在縣（市）由中央主管機關核定。

　　此外，技術型高中校得設立分校、分部。而技術型高中與其分校、分部設立所需之校地、校舍、設備、設校經費、師資、變更或停辦之要件、核准程序及其他相關事項之辦法，由中央主管機關定之。

二、校長任用

　　依據《高級中等教育法》第14條規定，技術型高中置校長一人，專任，綜理校務。公立高級中等學校校長，由各該主管機關遴選合格人員聘

任之，亦即國立技術型高中校長由教育部國教署遴聘之，直轄市立技術型高中校長由直轄市教育局遴聘之；師資培育之大學附屬高級中等學校校長，由各該校組織遴選委員會就各該校或其附屬學校或其他學校校長或教師中遴選合格人員，送請校長聘兼（任）之（如國立臺北科技大學附屬桃園農工高級中等學校），並報各該主管機關備查，或委由各該主管機關遴選合格人員聘任之（如國立臺灣海洋大學附屬基隆海事高級中等學校）。私立高級中等學校校長，由學校財團法人董事會遴選合格人員，並報各該主管機關核准後聘任之。

另就考核與任期而言，公立學校校長一任四年，參與遴選之現職校長應接受辦學績效考評，經遴選會考評結果績效優良者，得在同一學校連任一次或優先遴選為出缺學校校長；第一任任期未屆滿，或連任任期未達二分之一者，不得參加他校校長遴選。私立學校校長任期及連任之規定，由學校財團法人董事會定之。

三、組織編制

技術型高中的行政組織編制依據《高級中等教育法》第18條及《高級中等學校組織設置及員額編制標準》第3條規定，學校設下列一級單位：

（一）教務處。

（二）學生事務處。

（三）總務處。

（四）輔導處（室）。

（五）圖書館。

（六）實習處：技術型學校應設置；綜合型學校或設有專業群、科、學程之普通型學校，得設置。

（七）特殊教育處：辦理特殊教育18班以上者，得設置。

（八）建教合作處：辦理建教合作18班以上者，得設置。

（九）進修部：辦理進修教育者，得設置。

（十）資訊室、研究發展處、技術交流處或其他處（室）：得視業務需要設置。

　　另根據《高級中等學校組織設置及員額編制標準》第3條規定，學校設下列二級單位：

（一）教務處：

　　1. 得設教學、註冊、設備、試務、課務、實習及就業輔導、實驗研究各組辦事。但設有實習處者，不得設實習及就業輔導組。

　　2. 普通型學校設有綜合高中學程12班以上者，得設綜合高中組。

（二）學生事務處：得設訓育、生活輔導、體育、衛生、社團活動各組。

（三）總務處：得設文書、庶務、出納各組。

（四）輔導處（室）：得設輔導、資料各組。

（五）圖書館：得設技術服務、讀者服務、資訊媒體各組。

（六）實習處：得設實習、就業輔導、技能檢定各組；辦理建教合作在17班以下者，得設建教合作組。

（七）學校辦理實用技能學程6班以上者，得視實際需要於適當單位增設實用技能組。

（八）學校辦理特殊教育班2班以上17班以下者，得增設特殊教育組。

（九）進修部：得設教務、教學、註冊、學生事務、生活輔導、衛生、實習輔導各組。

（十）資訊室、研究發展處、特殊教育處、建教合作處、技術交流處或其他處（室）：得視業務需要分組。

（十一）人事室。

（十二）主（會）計室。

四、組織系統

　　茲以臺中市立臺中工業高級中等學校（簡稱為臺中高工）為例，其組織系統如圖5-5所示。

五、校務會議

　　依據《高級中等教育法》第25條規定，技術型高中設校務會議，審議下列事項：

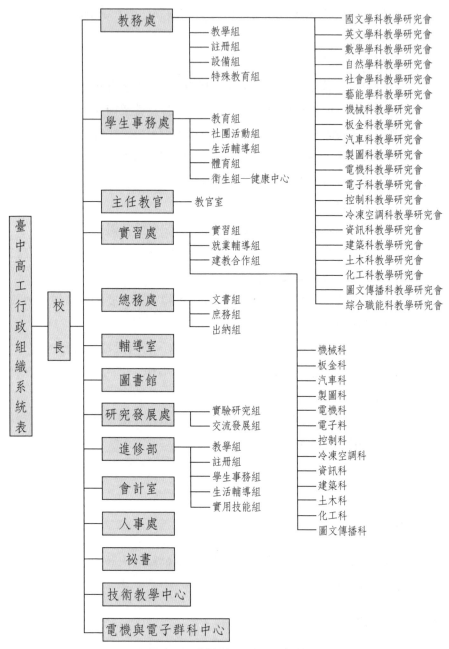

✿圖5-5　臺中高工組織系統圖

資料來源：臺中高工學校組織（2021年，12月）

（一）校務發展或校園規劃等重大事項。

（二）依法令或本於職權所訂定之各種重要章則。

（三）教務、學生事務、總務及其他校內重要事項。

（四）其他依法令應經校務會議議決事項。

　　就校務會議之組成，由校長、各單位主管、全體專任教師或教師代表、職員代表、家長會代表及經選舉產生之學生代表組成；其成員之人數、比率、產生及議決方式，由各校定之，任一性別成員人數不得少於成員總數三分之一；學生代表人數不得少於成員總數百分之八，並報各該主管機關備查。最後就校務會議之召開規定，應由校長召集並主持，每學期至少開會一次；經校務會議代表五分之一以上請求召開臨時校務會議時，校長應於15日內召開。

第三節　技專校院之轉型與變革

壹、技專校院發展與轉型

　　臺灣的技職教育在技術教育部分涵蓋了專科學校、技術學院及科技大學等三種類型，通稱為技專校院。在1940年時計有專科學校3所，在1964年起，為配合國家經濟建設發展的需求，政府大量核准私立專科學校的設置，發展至1998年時專科學校成長最高峰達53所；而第一所技術學院為成立於1974年的國立臺灣工業技術學院（即今國立臺灣科技大學），為臺灣第一所技術教育的高等學府。而造成臺灣技職教育產生最明顯的改變是起源於民間團體「四一〇教改遊行」廣設大學的訴求、行政院教育改革審議委員會的建議，及前教育部長吳京任內提出「開闢技職教育的第二條國道」的政策，開啟大學擴增的時代，使得許多專科學校與獨立學院紛紛進行改制。自1996-2007年改制擴張期間，其中技職體系的科技校院由於大量的專科學校改制技術學院，使得專科學校數遞降，技術學院校數在2002年達到56所的高峰，科技校院總數也在2006年達到最高峰，共計93所；而後從專科學校改制為技術學院，轉變為由技術學院改名科技大學，使得科技

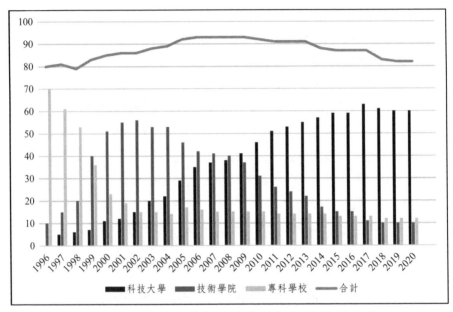

✿圖5-6 歷年臺灣各類技專院校總數變動趨勢

資料來源：作者自行繪製

大學數量呈現大幅成長的現象，由2008年的38所增加至2017年最高峰的63所，技專校院的總數並隨著少子女化的現象造成學校招生不足退場而逐漸減少。歷年臺灣各類技專院校總數變動趨勢與消長狀況如圖5-6所示。

貳、技專校院問題與變革

　　然而，科技校院改制與數量的擴增，也造成整體高等教育資源受到稀釋，加上擴增期間大學校院與科技校院的定位不夠明確，造成許多問題產生。例如監察院於2012年於行政院所提出糾正案中明確指出，我國技職教育日趨學術化，一是大量技專校院升格改制，導致升學主義導向，無法培養業界所需實務人才；二是過度強調以SCI或SSCI等學術期刊，作為教師升等或校務評鑑之量化指標。以致技職教育定位模糊，對技職教育與特色發展，以及技術人才培育與產業發展造成嚴重不利影響（監察院，

2012）。歸納而言，技職教育培育無數的中、基層技術人才，對臺灣經濟與發展中功不可沒，惟隨著全球化的趨勢與產業升級的需求，技專校院雖透過改制升格來因應，但仍面臨許多問題與挑戰必須克服，包括：（尹祚芊、沈美眞、黃武次、馬秀如，2010；張仁家、徐玉芳，2015）

（一）社會錯誤刻板印象造成重升學輕就業。

（二）少子女化造成學生生源不足。

（三）技專校院與普通大學的區隔模糊。

（四）技專校院各學制競合造成部分學制萎縮消失。

（五）技專校院相對普通大學資源分配不均。

（六）學生基礎學科能力與國際化程度不足。

（七）聘任學術傾向高階教師而忽略實務經驗。

（八）教師重研究而輕實務。

（九）學生畢業能力與產業期望有落差影響就業率。

（十）評鑑制度未符合技職教育特色。

針對上述問題，在政策面上教育部除於2013年公布之《轉型與突破─教育部人才培育白皮書》中揭櫫技職教育重要政策、推動策略與方案外，立法院並於2015年完成《技術及職業教育法》的立法程序，正式確立技職教育的法源依據。緊接著行政院據此於2017年訂定《技術及職業教育政策綱領》，進一步規範了臺灣未來技職教育的發展藍圖，包括願景、目標與具體方向。此外，爲解決技專院校所面臨的問題與困境，教育部陸續推出「技職教育再造計畫」、「發展典範科技大學計畫」、「前瞻基礎建設計畫─人才培育促進就業之建設：優化技職校院實作環境計畫」等，以下分別依據上述政策與計畫方案來說明現階段技專院校所進行的變革。

一、教育部人才培育白皮書

《教育部人才培育白皮書》係以「轉型與突破」爲主題，面對人才重要議題時，於思維、機制及作法上都能有所突破，以謀求轉型契機，達到眞正有感的改變。其中「技術職業教育」爲三大主軸之一，主要以「產學合作與接軌」爲其人才培育核心，具體提出4個重要政策、5個策略及12個

行動方案（如表5-4所示），以解決前述技職教育學術化、資源配置不均、學用落差和基層人力不足之窘境，期許未來臺灣的人才能具備「全球移動力」、「就業力」、「創新力」、「跨域力」、「資訊力」、「公民力」等關鍵能力，俾提升國際競爭力（教育部，2013a）。

✿表5-4　人才培育白皮書與技職校院相關之重要政策、推動策略與方案

重要政策	推動策略	行動方案
・建置合作平臺 ・研訂技職專法 ・辦理產業學院 ・協助私校轉型	盤整技職人力資源	7-1 建立產官學研合作機制及平臺方案 7-2 完備技職教育相關法規方案 7-3 調整系科對應產業需求方案
	彰顯務實致用特色	8-1 提升教師實務經驗與教學能力方案 8-2 強化實作能力及就業接軌方案 8-3 落實證能合一方案 8-4 促進職涯發展方案
	活化技職教育課程	9-1 調整產業實務導向及數位學習課程方案 9-2 培養具人文與永續環境素養實務人才方案
	提升技職教育品質	10-1 提升教育品質及國際化發展方案
	充裕技職教育資源	11-1 強化教育資源配置方案 11-2 合理調整學校招生規模並輔導私立大專校院改善及停辦方案

資料來源：教育部（2013a）。

二、技術及職業教育法

　　長久以來，技職教育除了《專科學校法》、《職業學校法》外，並無法律位階的專屬法律。高等技職教育階段除專科學校外，技術學院、科技大學與普通大學一體適用《大學法》，然《大學法》中並無技術學院、科

技大學的定義，凸顯另訂技職教育專法的必要性。據此，臺灣的技術及職業教育之立法，自1985年開始啟動，期間歷經1988年《技術及職業教育法》（以下簡稱本法）草案、1999年《技術及職業校院法》草案、2001年《技術及職業校院法》草案、2004年《技術及職業校院法》草案、2009年《技術及職業校院法》草案、至2013年《技術及職業教育法》草案等六個階段，將近三十年之過程才於2014年順利完成立法頒布施行。

　　本法共分為「總則」、「技職教育之規劃及管理」、「技職教育之實施」、「技職教育之師資」及「附則」等5章計29條條文，其中明定主管機關在中央為教育部；在直轄市為直轄市政府；在縣（市）為縣（市）政府，主要為建立技職教育人才培育制度，培養國人正確職業觀念，落實技職教育務實致用特色，培育各行業人才。其中有幾項與高等技職教育相關且具特色之法條，將對未來技職教育發展產生重大影響，茲說明如下：

（一）行政院定期召開技職教育審議會，每二年檢討並公告技職教育政策綱領（條文第4條）：

　　・為培育符合國家經濟及產業發展需求之人才，制定宏觀技職教育政策綱領，由行政院定期邀集教育部、勞動部、經濟部、國家發展委員會及其他相關部會首長，召開技職教育審議會，從國家經建發展總體目標及我國教育制度人才培育等角度來審議技職教育相關議題，提綱挈領指導教育單位推動技職教育有關事項。

（二）技職校院落實技職教育及產業參與技職教育之獎勵：

　　・學校得依科系性質開設相關實習課程，實習課程如為校外實習，其實施方式、實習場所、師資、學分採計、輔導及其他相關事項規定，除法令另有規定外，由學校定之。（條文第12條）

　　・主管機關應就學校辦理實習課程實施績效評量；長期提供學校實習名額，且實習學生畢業後經一定程序獲聘為正式員工達中央主管機關所定一定比率的校外實習合作機構，得給予獎勵。（條文第12條及第13條）

　　・學校得遴聘業界專家，協同教學，以利深化技職教育的實務教學；主管機關對有大量員工參與學校實務教學的企業，應予獎

勵。（條文第14條）

（三）技職教育課程銜接機制：

‧技專校院應強化職能導向課程，並應與技術型高級中等學校、普通型高級中等學校附設專業群科及綜合型高級中等學校專門學程共同建立課程銜接機制，以利學生職能培養。（條文第18條）

‧技專校院得優先招收具一定實務工作經驗的學生，並於招生相關章則中增列實務工作經驗的採認及優惠規定。（條文第19條）

（四）技職校院專業教師任教滿6年需至產業研習半年（條文第26條）：

‧技職校院專業科目或技術科目教師、專業及技術人員或專業及技術教師，每任教滿六年應至與技職校院合作機構或與任教領域有關之產業，進行與專業或技術有關之研習或研究，技專校院教師之研習或研究期間，應至少半年，讓前述教師有機會與產業接軌，以了解業界技術發展的情況，有效縮短學用落差現象，提升教師之實務教學能力。

三、技術及職業教育政策綱領

根據前述《技術及職業教育法》第4條規定，行政院須會同各相關部會首長，召開技職教育審議委員會，每二年檢討並公告技職教育政策綱領。據此，教育部於2017年公布《技術及職業教育政策綱領》（以下簡稱本綱領），明定技職教育以培養具備實作力、創新力及就業力之專業技術人才為願景，並明確指出技職教育應以「做中學」、「學中做」及「務實致用」，作為技職教育之定位，且以「實務教學」及「實作、創新與終身學習之能力培養」，作為核心價值，其整體概念乃期待從職業試探教育、職業準備教育與職業繼續教育等三面向培育堅實的專業技術人才，以作為國家經濟發展、社會融合、技術傳承與產業創新之重要支柱（教育部，2021）。

本綱領之整體架構計包含一大願景、三大目標及七項推動方向，如圖5-7所示。近年來，受到全球化、國際化、產業結構變遷，以及少子女化等多重外在環境因素影響，技職教育面臨多項重大挑戰，政策內容應持續符

願景
培養具備實作力、創新力及就業力之專業技術人才

目標一：建立彈性技職教育體系，符應產業變遷，彰顯技職教育價值
目標二：強化課程體系與師資結構，養成學生實作能力，激發師生
　　　　創新思考與創業精神，促進技術傳承與產業創新
目標三：產官學訓協力培育高素質技職人才，提升社會對專業技術
　　　　價值之重視

推動方向
一、建立技職教育彈性學制及入學管道，並吸引社會大眾選擇就讀
　　職業繼續教育
二、落實有效職涯認識、職業試探及推動職場體驗與校外實習，培
　　養學生專業技術之價值觀
三、建立實作、問題導向及應用之學習型態，培養跨領域及團隊合
　　作能力
四、打造技職教育類產業環境，孕育創新創業精神及增進技職教育
　　國際影響能量
五、提升教師符應產業發展之教學能力及調整育才思維，投入創新
　　實務教學並從事實務應用研究，以利技術傳承及創新
六、依產業各類專業人才職能基準，規劃設計職能導向課程及充實
　　相關設備，落實職場專業能力之養成
七、加強實務連結及產學合作，增進社會各組織協力培育人才之社
　　會責任及拓展縱向銜接與跨域人才培育之創新模式

✿圖5-7　技術及職業教育政策綱領架構

資料來源：教育部（2021）

應國內及國外社會經濟發展需求,適當調整與修正。因此,本綱領內容將作為相關部會落實技職教育推動之依循,以回應未來社會產業發展需求,俾利技職教育面對變遷之社會產業型態、國際趨勢與挑戰,持續精進優勢及提升競爭力。

四、技職教育再造計畫

教育部為為配合產業創新發展重點,縮短產學落差,於2010至2012年間推動「第一期技職教育再造計畫」,在「強化務實致用特色發展」及「落實培育技術人力角色」之定位下,從「制度」、「師資」、「課程與教學」、「資源」、「品管」5個推展面向訂定10項施政策略實施,逐步達成「改善師生教學環境、強化產學實務連結、培育優質專業人才」之目標(教育部,2010),其主要推展面向及施政策略如表5-5所示。

❀表5-5　第一期技職教育再造計畫之推展面向及施政策略

推展面向	施政策略	
制度	・試辦五專菁英班紮實人力	・強化實務能力選才機制
師資	・強化教師實務教學能力	・引進產業資源協同教學
課程與教學	・擴展產學緊密結合培育模式	・落實學生校外實習課程
資源	・改善高職設備提升品質	・建立技專特色發展領域
品管	・建立符合技專特色評鑑機制	・落實專業證照制度

資料來源:教育部(2010)

前述第一期計畫執行後,教育部為回應社會大眾期待技職教育的新面貌,強化產業人才培訓及平衡國內人力供需,於2013至2017年提出「第二期技職教育再造計畫」。第二期方案內容並參考德國、澳大利亞及日本等先進國家技職教育的作法所提出,包括「制度調整」(政策統整、系科調整、實務選才)、「課程活化」(課程彈性、設備更新、實務增能)及「就業促進」(就業接軌、創新創業、證能合一)等三大面向9項策略及32項作法(如表5-6所示),進而達成「無論高職、專科、技術學院及科技

✿表5-6　第二期技職教育再造方案之面向、推動策略和作法

面向	推動策略	作法
制度調整	政策統整	・建立跨部會合作機制與平臺 ・完備技職教育相關法規
	系科調整	・盤點與建置系科對應產業需求機制 ・優先補助高職與技專校院設置重點產業相關科班
	實務選才	・檢討現行招生管道 ・研議未來招生管道、考科與實務選才制度
課程活化	課程彈性	・建置技職課程與教材銜接產業需求之彈性機制 ・強化技職學生基礎學科能力與人文素養 ・與企業策略聯盟，並共構產業導向之實作特色課程 ・強化技職學生基礎英文能力 ・建立亞洲校園聯盟，推動跨國學位學程
	設備更新	・更新教學設備 ・設置區域技術教學中心 ・設立設備媒合平臺，減少與產業設備落差
	實務增能	・教師面：鼓勵業師協同教學、新進教師具有業界經驗、教師甄試著重實作測驗和鼓勵技術報告或產學研發成果升等 ・學生面：落實學生實習 ・學校面：科技校院協助高職優質精進
就業促進	就業接軌	・擴大辦理契合式人才培育專班 ・辦理高職生職場體驗 ・學生就業率納入評鑑補助之指標 ・落實技職教育宣導和國中生體驗活動 ・建置學生職涯探索歷程檔案 ・培訓職涯規劃種子教師 ・結合勞動部辦理區域校園徵才活動
	創新創業	・辦理創新創業課程研習營 ・協助國際發明展及其作品商品化 ・媒合產業進駐技專校院成立研發中心 ・結合科技部大小產學聯盟，推動各式產學合作計畫 ・檢討現行相關法規，促進校內研發成果衍生新創事業
	證能合一	・鼓勵學生取得職業證照或職業能力鑑定證書 ・獎助技職校院依職能基準和業界共同規劃課程，並協助學生取得相關結業證書

資料來源：教育部（2014b）

大學畢業生都具有立即就業的能力」、「充分提供產業發展所需的優質技術人力」，及「改變社會對技職教育的觀點」等三大目標，以提升技職教育整體競爭力（教育部，2014b）。

在前兩期技職教育再造計畫陸續執行後，為持續完善整體技職教育政策，教育部於2018至2022年間再提出「第三期技職教育再造計畫」，此階段針對農業（含生技、新農業）、食品（含食安、餐飲）、機械（含智慧機械、國防航太、軌道建設）、電子電機（含循環經濟、綠能科技）等11項領域在內的5+2創新產業技術人才培育，推動「優化技職校院實作環境計畫」，支持技專校院建置95處類產業實習場域，並由學校與在地產業合作培育人才，建立緊密技職教育培育體系。持續以產業能力需求為核心培育專業技術人才，結合課程、實作、產業資源、考照與就業輔導等機制，為技專校院學生建立一貫專業人才培育規劃，以達「為學生找到未來、讓工作找到人才」之目標，解決業界優質技術人才需求（教育部，2014b）。

五、發展典範科技大學計畫

教育部於2012年開始試辦、2013至2016年間正式實施的「發展典範科技大學計畫」，其目的即在於凸顯技職校院與一般大學不同之實務特色，建立技職教育之品牌形象，於人才培育制度方面，強調對準產業需求；於產學研發方面，重視具體化的產學研發及將成果商品化等面向，期引領技專校院朝向以產學人才培育、務實教學為主之方向發展。計畫願景在於建構科技大學的「親產學環境」，藉由確保科技大學堅強的產學研發能量、教學卓越師資、學生優異創造發明能力及重視實務教學與實習課程規劃，使學校與企業能無縫接軌，為產學嫁接人才培育橋梁，進而提升國家總體競爭力（教育部，2013b）。表5-7為發展典範科大計畫之主要工作項目、工作重點與具體作法。經審查共有12所科技大學獲補助發展為典範科技大學（包含9所國立科技大學及3所私立科技大學），另有4所科技大學（包含1所國立科技大學及3所私立科技大學）獲補助成立產學研發中心，以建立人才培育與產學研發機制。

✿表5-7　發展典範科技大學計畫之主要工作項目、推動重點與具體作法

項目	推動重點	具體作法
強化學校產學實務連結	協助學校於人才培育、產學研發及制度調整三面向強化產學連結，與產業無縫接軌	・人才培育：包括提升學生就業力之具體作為，包含將學生實習納入必修學分、系科課程調整、成立產業學院、開設產業學程、強化教師實務教學能力、學生職業倫理培養及就業輔導等。
		・產學研發：包括依學校特色選定領域，強化基礎技術扎根、研發布局、技術研發商品化、衍生智慧財產運用、實驗及結合業界共同開發、另建立產學交流平臺、深化與產業互動及建立創新合作模式等。
		・制度調整：包括改進教師評鑑及升等機制、師資結構調整、強化實務面、建置產學合作經營團隊、建立產學合作架構，與特定企業建立人才培育及產學合作長期合作關係等。
營建及維運產業創新發展中心	協助學校整體規劃產學實務連結相關校舍設施之整建或新建規劃	・人才培育類：如多功能實習工廠、特定生產線模擬設施。
		・研發應用類：如研發成果試量產測試中心、產品設計中心等。
		・技術服務類：如產學營運中心、創新育成中心等。
深耕特定專業技術	協助學校就選定特定專業技術領域之人才培育與產學研發深耕	・強化特定專業技術領域研究團隊、研發成果經營推廣團隊、購置相關教學實作所需儀器設備、辦理相關產學合作推廣活動。

資料來源：教育部（2013b，17：21）

六、前瞻基礎建設計畫—優化技職校院實作環境計畫

　　「前瞻基礎建設計畫」是臺灣於2017年起推動的大型經濟建設計畫，期望透過興建及完善各種基礎設施，強化民間投資動能，帶動整體經濟成長潛能，以打造臺灣未來三十年經濟發展基礎。此計畫涵蓋八大基礎建

設，內容涵括八大建設主軸：建構安全便捷之軌道建設、因應氣候變遷之水環境建設、促進環境永續之綠能建設、營造智慧國土之數位建設、加強區域均衡之城鄉建設、因應少子化友善育兒空間建設、食品安全建設，以及人才培育促進就業建設（行政院，2021，8月）。

而「人才培育促進就業建設」共計有8項子計畫，目標為持續培育六大核心戰略產業所需之青壯年科技人才和雙語人才，以打造臺灣國際標竿創業聚落，除結合國內外網路資源之外，亦希冀藉此吸引更多的國際人才來臺發展，以協助臺灣的產業創新與創業能進一步與國際接軌（行政院，2021，8月）。其中與技職教育最為直接相關為「優化技職校院實作環境計畫」，主要為建置跨院系實作場域、建立產業菁英訓練基地、培育類產業環境人才和補助充實基礎教學實習設備。

✿表5-8　優化技職校院實作環境計畫之主要工作項目與具體作法

項目	具體作法
建置跨院系實作場域	・盤點學校獲補助計畫執行成效及設備基礎 ・提報跨域實作場域規劃，並包含跨域課程開發
建置產業菁英訓練基地	・針對核心就業能力建置訓練基地 ・建立區域聯盟，含課程開發、師資培訓、學生專業實作能力及其他擴散效益 ・由學校提報競爭型計畫
培育類產業環境人才	・以產業界實際環境為模組，建置類產業環境工廠 ・提供該校學生實習實作場域 ・並提供區域師生技能聯盟計畫所培育之師生，強化與產業接軌之訓練
教學設備共享平臺	・將學校擁有設備公開至平臺，建立有效推廣共享機制，降低重複購置成本 ・共享機制可進階減少維運費用，達到設備使用率最佳化，並可使師生可就近訓練
充實基礎教學實習設備	・持續著重於導正系科傾斜，以工業類、農業類及產業特殊需求類科所需教學設備為重 ・依據技術型高中設備基準，逐年補足設有專業群科之基礎教學實習設備 ・配合實作評量之規劃，於各技術型高中設立評量所需增添之設備

項目	具體作法
改善實習教學環境與設施	・修建學校實習工場或實驗室之老舊設施，建構優質實習環境，翻轉技職教育地位，重拾技職教育尊嚴，提升學生未來就業能力與意願
發展多元選修、跨領域、同群跨科等務實致用特色課程需求之教學設備	・鼓勵學校依據國家重點創新產業進行選修課程規劃 ・引進產業資源，鼓勵產業捐贈生產線之機具設備 ・完整建置學校設備及教學環境，順利接軌產業現況
精進群科中心及技術教學中心教學設備	・落實資源分享，提供技術教學中心購置教學設備 ・由各中心運用購置之設備提供鄰近學生使用，發揮教學設備資源共享之效能 ・針對教育部舉辦各類技藝競賽，部分設備為求一致性及公平性，以補助各群科中心依競賽需求，採購相關設備，於競賽時提供所有選手使用

資料來源：教育部（2017b）

參 考 書 目

尹祚芊、沈美眞、黃武次、馬秀如（2010）。**提升技職教育水準增強就業能力專案調查研究報告**。監察院。

王誕生、林詹田（2014）。美國技職教育發展與啟示。**教育資料集刊，63**，29-54。

田振榮、李懿芳、張嘉育（2013）。**職業學校課程綱要總綱修正期末報告**。教育部委託專案報告。國立臺灣師範大學工業教育學系。

田振榮、李懿芳、張嘉育（2017）。**技術型高級中等學校課程綱要——技術型高中群科課程修訂**。國立臺灣師範大學。

江文雄（1999）。**技術及職業教育概論**。師大書苑。

行政院（2012）。**101教正0012監察院糾正案結案報告**。行政院。

行政院（2021，8月）。重要施政成果——前瞻基礎建設。取自https://www.ey.gov.tw/achievement/6D60436E66CF17C0

吳璧純、詹志禹（2013）。從能力本位到素養導向教育的演進、發展與反思。**教育研究與發展期刊，14**(2)，35-64。

技術及職業教育法（2015）。

技術及職業教育綱領（2021）。

李大偉、王昭明（1989）。**技職教育課程發展理論與實務**。師大書苑。

李懿芳、胡茹萍、田振榮（2017）。技術型高級中等學校技能領域課綱理念、發展方式及其轉化爲教科書之挑戰。**教科書研究，10**(3)，69-99。

林清南（2020）。技術型高中新課綱校訂實習課程的規劃與實務分享——以市立三重商工機械群模具科爲例。**臺灣教育評論月刊，9**(8)，47-53。

高級中等教育法（2014）。

康自立（2000）。教育大辭書：群集課程。取自https://terms.naer.edu.tw/detail/1312414/?index=97

張仁家、徐玉芳（2015）。技職教育學術化的省思。**臺灣教育評論月刊，4**(11)，18-21。

張國保（2019）。技術型高中新課綱的特色。**國家教育研究院教育脈動電子期刊，18。**

教育部（2010）。**技職教育再造方案：培育優質專業人力。**教育部。

教育部（2013a）。**轉型與突破——教育部人才培育白皮書。**教育部。

教育部（2013b）。**發展典範科技大學計畫。**教育部。

教育部（2014a）。**十二年國民基本教育課程綱要總綱。**教育部。

教育部（2014b）。**第二期技職教育再造計畫。**教育部。

教育部（2017a）。**中華民國技術及職業教育簡介。**教育部。

教育部（2017b）。**前瞻基礎建設——人才培育促進就業之建設：優化技職校院實作環境計畫。**教育部。

教育部（2019）。**高級中等學校課程實務工作手冊。**教育部。取自https://sites.google.com/gapp.ylsh.ilc.edu.tw/manual

教育部（2020）。**技術及職業教育政策綱領。**教育部。

教育部（2021）。**技術及職業教育政策綱領修正核定本。**

教育部技術與職業教育司（2005）。**修訂職業學校暫行綱要、設備標準及配套措施報告。**教育部。

教育部技術與職業教育司（2017）。**技術型高級中等學校課程綱要專案報告。**教育部。

莊金德（1970）。**臺灣省通志稿（卷5）教育志教育制度沿革篇。**臺灣省文獻委員會。

許品鵑、謝秉弘、陳麒竹（2015）。25年來臺灣大專校院校數變動趨勢。**評鑑雙月刊，58，**24-25。

黃偉翔（2017）。都是「美國模式」的錯？臺灣技職教育學用落差如何反轉。取自https://opinion.udn.com/opinion/story/9899/2398916

楊朝祥（2007）。**臺灣技職教育變革與經濟發展。國政研究報告。**財團法人國家政策研究基金會。取自https://www.npf.org.tw/2/1733

監察院（2012）。**101教正0012監察院糾正文。**

臺中高工學校組織（2021年，12月）。取自https://tcivs.tc.edu.tw/p/404-1081-30898.php

歐素瑛（2010）。臺灣省參議會與職業教育之變革（1946-1951）。**臺灣學研究**，10，45-74。

饒達欽、李建南、賴慕回、廖興國（2020）。談技職教育課程之「破」與「立」——以美、日為例，載於**技職教育之破與**立。高等教育出版社。

國家圖書館出版品預行編目資料

當代職業教育與訓練／施信華，陳啓東，陳慶
安，郭義汶著. -- 初版. -- 臺北市：五南
圖書出版股份有限公司，2022.07
　面；　公分
ISBN 978-626-317-842-7（平裝）

1.CST: 技職教育　2.CST: 職業訓練

528.8　　　　　　　　111007164

1I3Y

當代職業教育與訓練

作　　者 ― 施信華、陳啓東、陳慶安、郭義汶

發 行 人 ― 楊榮川

總 經 理 ― 楊士清

總 編 輯 ― 楊秀麗

副總編輯 ― 黃文瓊

責任編輯 ― 郭雲周、李敏華

封面設計 ― 王麗娟

出 版 者 ― 五南圖書出版股份有限公司

地　　址：106臺北市大安區和平東路二段339號4樓

電　　話：(02)2705-5066　　傳　真：(02)2706-6100

網　　址：https://www.wunan.com.tw

電子郵件：wunan@wunan.com.tw

劃撥帳號：01068953

戶　　名：五南圖書出版股份有限公司

法律顧問　林勝安律師事務所　林勝安律師

出版日期　2022年7月初版一刷

定　　價　新臺幣300元

經典永恆・名著常在

五十週年的獻禮——經典名著文庫

五南，五十年了，半個世紀，人生旅程的一大半，走過來了。

思索著，邁向百年的未來歷程，能為知識界、文化學術界作些什麼？

在速食文化的生態下，有什麼值得讓人雋永品味的？

歷代經典・當今名著，經過時間的洗禮，千錘百鍊，流傳至今，光芒耀人；

不僅使我們能領悟前人的智慧，同時也增深加廣我們思考的深度與視野。

我們決心投入巨資，有計畫的系統梳選，成立「經典名著文庫」，

希望收入古今中外思想性的、充滿睿智與獨見的經典、名著。

這是一項理想性的、永續性的巨大出版工程。

不在意讀者的眾寡，只考慮它的學術價值，力求完整展現先哲思想的軌跡；

為知識界開啟一片智慧之窗，營造一座百花綻放的世界文明公園，

任君遨遊、取菁吸蜜、嘉惠學子！